Khalil Gibran   Liebesbriefe

Khalil Gibran

Liebesbriefe an May Ziadeh

herausgegeben, übersetzt aus dem Arabischen und
eingeleitet von Ursula und S. Yussuf Assaf

Walter Verlag

Dieser Sammlung der Briefe von Khalil Gibran an May Ziadeh
liegen zwei arabischsprachige Editionen zugrunde:
Suheil Bushrui und Salma Haffar al-Kuzbari, asch-schu lat az-zarqa',
Naufal Verlag, Beirut
Jamil Jabre, Al-risa'il Gibran, Dar Beirut

Die Deutsche Bibliothek – CIP-Einheitsaufnahme

Ğibrān, Ğibrān Halīl:
Liebesbriefe an May Ziadeh / Khalil Gibran. Hrsg., übers. aus dem Arab. und
eingeleitet von Ursula und S. Yussuf Assaf. – Zürich ; Düsseldorf : Walter, 2000
ISBN 3-530-10021-8

© 2000 Patmos Verlag GmbH & Co. KG
Walter Verlag, Düsseldorf und Zürich
Alle Rechte, einschließlich derjenigen des auszugsweisen Abdrucks
sowie der fotomechanischen und elektronischen Wiedergabe, vorbehalten.
Umschlag: Graphik Design Reckels & Schneider.Reckels
Satz: Fotosatz Moers, Mönchengladbach
Druck und Bindung: Lengericher Handelsdruckerei, Lengerich
ISBN 3-530-10021-8

Inhalt

Vorwort

Khalil Gibran schrieb May Ziadeh zwei Wochen vor seinem Tod: «Ich selbst verdanke alles, was mein Ich ausmacht – und zwar von der frühen Kindheit bis jetzt
– d… war die Frau, die mir die Fenster meiner Blicke und die Tore meine… … Ohne die Frau als Mutter, Schwester oder Freundin schliefe
ich … …afenden …»

… rei Frauen zu nennen, die ihn entscheidend beeinflußt ha-
b… …ry Haskell und May Ziadeh.

…ter, Kamila Rahme, war die Tochter eines maronitischen
P… …e ihre Freude an der Musik und eine schöne Stimme geerbt
hatte. Für orientalische Verhältnisse war sie eine außergewöhnlich emanzipierte
Frau. In kurzen Abständen schloß sie drei Ehen, aus denen vier Kinder hervor-
gingen. Schon früh erkannte sie die Talente ihres jüngsten Sohnes und suchte sie
nach Kräften zu fördern. Da Gibran schon als Kind leidenschaftlich gerne malte
und alles bemalte, was ihm unter die Hände kam, schenkte ihm Kamila ein
Buch mit Reproduktionen von Leonardo da Vinci, woran er sich noch Jahr-
zehnte später in einem Brief an May erinnert. Am 6. Februar 1925 schreibt er ihr:
«Ich war noch klein, als ich zum ersten Mal einige Reproduktionen der Werke
dieses bewundernswerten Mannes sah; ich werde mich immer an diesen Augenblick erinnern; er glich einem Kompaß, der einem auf hoher See verirrten Schiff
die Orientierung gibt.»

Als ihr Ehemann arbeitslos wurde und aufgrund eines fingierten Skandals ins Gefängnis kam, emigrierte Kamila mit ihren vier Kindern ins gelobte Land Amerika, wo sich bereits Familienangehörige und Nachbarn niedergelassen hatten, denn der Libanon litt in dieser Zeit unter dem Joch der osmanischen Fremdherrschaft, und viele, vor allem christliche Libanesen, wanderten aus. Und so wurde der junge Gibran aus der großartigen Berglandschaft des Nordlibanon, die er in all seinen Werken besingt, ins übervölkerte Einwanderungsviertel in Boston verpflanzt. Seine Mutter und seine Geschwister arbeiten hingebungsvoll für den Lebensunterhalt, während Gibran die Schule besuchen darf, wo seine Zeichenlehrerin auf ihn aufmerksam wird.

Unterernährung, schlechte Wohnverhältnisse und Überarbeitung zehren an den Kräften der Familie, und als Gibran 19 Jahre alt ist, verliert er nacheinander seine Lieblingsschwester Sultana, seinen Halbbruder Butrus und seine über alles geliebte Mutter, von der er nach ihrem Tode sagte: «Kamila war nicht nur meine Mutter, sie war auch eine Freundin. Mein Leben ist jetzt mit ihr begraben.»

In dieser verzweifelten Lage lernt er während einer Ausstellung seiner Werke die Schulleiterin Mary Haskell kennen, die seine Förderin und mütterliche Freundin wird. Sie macht ihn in ihrem Freundeskreis bekannt, organisiert Ausstellungen für ihn und unterstützt ihn finanziell. Ihre Großzügigkeit geht so weit, daß sie ihm einen zweijährigen Studienaufenthalt in Paris finanziert. Aus Dankbarkeit macht ihr Gibran nach seiner Rückkehr spontan einen Heiratsantrag, den sie wegen ihres Altersunterschieds ablehnt.

Nachdem ein Landsmann eine arabische Zeitung in New York gegründet hatte, schickte ihm Gibran regelmäßig seine Artikel, die in der arabischen Welt großen Anklang fanden. So widmet er sich nun mehr und mehr seinem Talent des Schreibens. Mary Haskell hilft ihm bei der Vervollkommnung seiner englischen Sprachkenntnisse, und sie ermutigt ihn, seine Werke auf Englisch zu veröffentlichen. Ihr ist es zu verdanken, daß er seine Bücher bald nicht mehr nur für ein begrenztes Leserpublikum auf Arabisch schreibt; im Jahre 1918 erscheint der Narr, sein erstes Buch in englischer Sprache, wofür Mary Haskell die Korrekturen gelesen hat. Mit dem Wechsel der Sprache ändern sich auch seine Themen: Hatte er sich in seinen arabischen Werken gegen die Ausbeutung des Volkes durch Feudalherren und Klerus aufgelehnt und gegen die Unterdrückung der Frau rebelliert, so versucht er in seinen englischsprachigen Werken, der Welt den spirituellen Reichtum seiner orientalischen Heimat zu erschließen.

Nach der Veröffentlichung seines Romans «Die gebrochenen Flügel» schrieb ihm die libanesische Dichterin May Ziadeh im Jahre 1912 einen begeisterten Brief, und dies war der Beginn einer fast 20jährigen Brieffreundschaft, die erst mit dem Tode Gibrans im Jahre 1931 endete.

May Ziadeh, Tochter eines libanesischen Vaters und einer palästinensischen Mutter, wurde am 11. Februar 1886 in Nazareth geboren. Nach vierjähriger Schulzeit in Nazareth besuchte sie fünf Jahre lang eine von Schwestern geleitete Internatsschule im Libanon. Im Jahre 1908 emigrierte sie mit ihren Eltern nach Kairo, wo ihr Vater Herausgeber (später Besitzer) einer arabischen Zeitung (al-Mahrusa) wurde, in der May ihre Artikel veröffentlichte. Unter dem Pseudonym Isis Kubia erschien im Jahre 1911 ihre Gedichtsammlung «Fleurs du Rève» (Traumblumen), in der Lamartines Einfluß deutlich wird.

May gilt als die arabische George Sand, da sie in Kairo einen literarischen Salon unterhielt, wo man diejenigen traf, die in der arabischen Literatur und Kultur Rang und Namen haben wie Khalil Mutran, Taha Hussein, Georges Zaidan,

Jaqub Sarruf, Ahmad Schauqi, Da'ud Barakat und andere. In Ägypten herrschte zu dieser Zeit eine Aufbruchstimmung. Das kosmopolitische und weltoffene Kairo war ein privilegierter Raum für freie Meinungsäußerung und zog viele arabische Künstler und Intellektuelle an, die in ihren unter osmanischer Fremdherrschaft stehenden Ländern die intellektuelle Freiheit entbehrten. Die meisten arabischsprachigen Zeitungen erschienen hier und waren keiner Zensur unterworfen. Herausragende Themen, die in dieser Zeit heftig diskutiert wurden, waren die Öffnung zur Welt und die Gleichberechtigung der Frau.

«Der Rosengarten» (hadiqat al-ward) von Warda al-Yazigi, 1867 erschienen, war das erste Buch einer Frau, das in der arabischen Welt veröffentlicht wurde. May Ziadeh schrieb 1924 einen Artikel über diese Autorin sowie zwei Biographien von Schriftstellerinnen, die sich in ihren Werken für die Gleichberechtigung der Frau einsetzten und die sie kennengelernt hatte: Bahithatu al-Badia (1920) und Aischa al-Taymuriyya (1924).

Neben ihrer arabischen Muttersprache beherrschte May mehrere andere Sprachen wie Französisch, Englisch, Spanisch, Italienisch, Latein, Griechisch und auch Deutsch. Sie übersetzte literarische Werke aus dem Englischen und Französischen. Aus dem Deutschen übertrug sie Max Müllers Novelle «Deutsche Liebe», ein zu der Zeit vielgelesenes Werk.

Für Gibran, der sich zeitlebens als Fremder in Amerika fühlte und seinem Heimweh nach dem Libanon ein Ventil in seinen Werken verschaffte, war May eine höchstwillkommene Verbindung zum Orient. In ihr liebte und bewunderte er die orientalische Frau, die dabei war, sich von den Fesseln der Unterdrückung zu befreien – wie die Frauen in seinen Werken. Er ermunterte und bestärkte sie in ihrem literarischen Engagement für die Rechte der Frau.

Nach einer Unterbrechung ihrer Korrespondenz in den Kriegsjahren 1914–1919 bleiben sie in ständigem Gedankenaustausch, ohne sich jemals zu sehen. Gibrans Briefe, die zunächst sehr förmlich und werbend sind, werden zunehmend vertraulicher. In der Stille der Nacht schreibt er ihr bei Kerzenlicht Liebesbriefe und kann es kaum erwarten, bis er eine Antwort aus Kairo erhält. May reagiert zunächst sehr zögernd auf seine Liebe. Ihr übertriebenes Schamgefühl erlaubt es ihr nicht, ihre Gefühle zum Ausdruck zu bringen. Sie gesteht ihm ihre Angst, ins Königreich der Liebe einzutreten. Erst allmählich überwindet sie ihre traditionelle Erziehung und folgt der Einladung Gibrans:

> *Wenn dir die Liebe winkt, so folge ihr,*
> *sind ihre Wege auch hart und steil.*

Nach Gibrans Tod und dem Tod ihrer Eltern wird May depressiv und zieht sich aus dem literarischen Leben zurück. Mitglieder der Ziadeh-Familie versuchen, ihren Besitz in Kairo zu konfiszieren, indem sie sie für geisteskrank erklären und einen Prozeß anstrengen. Sie wird in eine Anstalt für Geistes- und Gemütskranke in Beirut eingeliefert. Ihre Freunde – allen voran Amin Rihani – setzen sich für sie ein und bewirken, daß sie aus dem Asyl entlassen wird und den Prozeß gewinnt. Rihani lädt sie in sein Heimatdorf Freike ein, damit sie sich erholen kann. 1938 kehrt May nach Kairo zurück, wo sie am 19. Oktober 1941 stirbt.

Leider ist diese Sammlung unvollständig, sie enthält nur einen Teil des Briefwechsels, nämlich Gibrans Briefe an May. Mays Briefe hingegen, so wird von manchen behauptet, werden von ihrer Familie nicht zur Veröffentlichung freigegeben. Andere vermuten, daß ihre Briefe vernichtet worden seien. Wie dem auch sei, Gibrans Briefe reflektieren die Schreiben seiner Schwester-Seele und vermitteln einen Einblick in ihr Leben und ihr Werk.

In Gibrans Briefen an May Ziadeh entdecken wir den Dichter der Liebe als Liebenden. Mit May verbindet ihn eine Liebe, die sich über die Welt der Sinne erhebt und ins Ewige transzendiert. Er beschwört immer wieder dieses «ätherische Element», das sich nicht in Worte fassen läßt, sondern im Dunst und Nebelhaften verharrt. Die Liebenden begegnen sich ausschließlich in ihren Träumen und in ihrer Imagination. Ihre Liebe ist eine von aller körperlichen Schwere befreite Himmelsmacht. Gibran benutzt für sie häufig das Bild der blauen Flamme, eine Metapher für die mystische Liebe, die sich mit der göttlichen Liebe vereint. Hatte er nicht in seinem Buch «Sand und Schaum» geschrieben: «Wenn ein Mann und eine Frau sich die Hand reichen, berühren sie das Herz der Ewigkeit.»

Ursula Assaf-Nowak
S. Yussuf Assaf

*Sehr geehrte, gelehrte, rühmenswerte Schriftstellerin,**

viele Dinge sind mir durch den Kopf gegangen während der stillen Monate, die vorübergingen ohne eine Antwort von Ihnen auf mein Schreiben, aber es kam mir nie in den Sinn, daß Sie «böse» sein könnten. Doch jetzt, da Sie mir Ihre Bosheit erklärt haben, bleibt mir nichts anderes übrig, als ihnen zu glauben, denn ich schenke jedem Wort von Ihnen mein volles Vertrauen. Natürlich sind Sie stolz auf Ihr Zugeständnis «ich bin böse», und Sie haben recht, darauf stolz zu sein, denn das Böse ist eine Kraft, die dem Guten in seiner Entschlossenheit und seinem Einfluß gleicht. Erlauben Sie mir aber, daß ich Ihnen offen sage, daß Sie – soweit Sie auch in Ihrer Bosheit fortschreiten werden – es nie erreichen werden, nur halb so schlecht zu sein wie ich, denn ich bin so schlecht wie die Phantome, die in den Höhlen der Hölle hausen, ja ich bin so schlecht wie der schwarze Geist, der die Tore der Hölle bewacht. Und gewiß werden Sie meine Worte nicht in Zweifel ziehen.

Doch bis jetzt habe ich den wahren Grund nicht verstanden, warum Sie die Bosheit als Waffe gegen mich einsetzen. Könnten Sie mir das bitte einmal erklären? Bis jetzt habe ich jeden Ihrer Briefe beantwortet, den Sie mir freundlicherweise zusandten, und ich bemühe mich redlich, in die Bedeutung jedes

* Die Anrede ist auch für arabische Verhältnisse übertrieben höflich; sie zeigt aber, mit welcher Ehrerbietung Gibran sich dieser Künstlerin zuwendet.

Wortes einzudringen, das Sie in mein Ohr flüsterten. Gab es da noch etwas anderes, das ich hätte tun sollen und zu tun versäumte? Oder haben Sie nur ein Vergehen heraufbeschworen, um mir die Macht Ihrer Vergeltung zu demonstrieren? Jedenfalls ist Ihnen das gelungen, und ich beginne, an ihre neue und absolute Göttlichkeit zu glauben, die das Schwert der indischen Göttin Kali mit den Pfeilen der in Griechenland verehrten Diana verbindet.

Nun aber, nachdem ein jeder von uns über die Bosheit informiert ist, die in der Seele des anderen herrscht, und über den Hang zur Vergeltung, kehren wir nun zurück zur Fortführung unseres Gesprächs, das wir vor zwei Jahren begonnen hatten. Wie geht es Ihnen? Sind Sie gesund und wohlauf, wie die Libanesen zu sagen pflegen. Haben Sie im letzten Sommer auch Ihren anderen Arm verrenkt, oder hat Sie Ihre Mutter am Reiten gehindert, so daß Sie mit zwei gesunden Armen nach Ägypten zurückkehren konnten? Was meine Gesundheit betrifft, so gleicht sie der zusammenhanglosen Rede eines Betrunkenen; ich verbrachte den Sommer und Herbst damit, zwischen dem Gebirge und der Küste zu pendeln, dann kehrte ich mit blassem Gesicht und abgemagert nach New York zurück, um meine Arbeit fortzusetzen und mit meinen Träumen zu ringen, jenen merkwürdigen Träumen, die mich auf den Gipfel des Berges erheben, um mich von dort in die Tiefe des Tales zu stürzen.

Ich freue mich, daß Sie mir zustimmen, daß die Zeitschrift «al-Funun»* in ihrer Art die beste ist, die in der arabischen Welt erscheint. Ihr Besitzer ist ein junger Mann von freundlichem Wesen und präzisem Denken, und er hat bereits einige geistreiche Bücher und originelle Gedichte unter dem Pseudonym «Alif»

* al-Funun: eine arabische Zeitung, die Nasib ʿArida 1913 gegründet hat.

veröffentlicht. Und was an diesem jungen Mann außerdem bewundernswert ist, ist die Tatsache, daß er alles liest, was die Europäer geschrieben haben, und es auch noch behält. Unser Freund Amin Rihani [libanesischer Dichter und Freund Gibrans] hat damit begonnen, eine neue längere Novelle in der Zeitschrift al-Funun zu veröffentlichen. Er hat mir die meisten Kapitel vorgelesen, und ich finde die Sprache sehr schön. Ich habe den Besitzer von al-Funun bereits informiert, daß Sie mir für ihn einen Artikel zusenden werden, und er freut sich darauf.

Bedauerlicherweise muß ich zugeben, daß ich kein Musikinstrument spiele, aber ich liebe die Musik so sehr wie das Leben; ich bemühe mich, ihre Prinzipien und Strukturen zu erlernen und mein Wissen über ihre Geschichte und ihre Entwicklung zu vertiefen. Und wenn ich Zeit habe, werde ich eine längere Abhandlung über die arabische und die persische Musik schreiben, über ihre Beschaffenheit und ihre Kompositionen. Ebenso wie für die orientalische Musik interessiere ich mich auch für westliche Musik, und es vergeht keine Woche, in der ich nicht ein- oder zweimal in die Oper gehe, obgleich ich im Rahmen der westlichen Musik Symphonien, Sonaten und Kantaten der Oper vorziehe, da der Oper die künstlerische Einfachheit fehlt, die meinem Charakter und meinen Neigungen mehr entspricht. Erlauben Sie mir, Ihnen zu sagen, daß ich die Laute auf Ihrem Arm beneide. Und ich bitte Sie, meinen Namen zu nennen – zugleich mit Worten des Wohlgefallens –, jedesmal, wenn Sie den «Nahawand» [arabische Tonart] auf den Saiten ihrer Laute spielen, denn das ist die Melodie, die ich am meisten liebe und der ich eine solche Wertschätzung entgegenbringe, wie sie Carlyle [Thomas Carlyle (1795–1881), Philosoph und Historiker] in bezug auf den Propheten Muhammad zum Ausdruck bringt.

Wären Sie so nett, an mich zu denken, wenn Sie vor der majestätischen Sphinx stehen? Als ich in Ägypten war, pflegte ich zweimal in der Woche dorthin zu gehen; ich verbrachte viele Stunden damit, im Sand zu sitzen und die Pyramiden sowie die Sphinx zu betrachten. Es war in der Zeit, als ich ein Jüngling von 18 Jahren war und meine Seele beim Anblick solcher Kunstwerke zitterte wie ein Schilfrohr beim Sturm.

Auch ich bin wie Sie ein Bewunderer von Dr. Schumayyel [Schibly Schumayyel (1860–1917), libanesischer Arzt und Schriftsteller]; er gehört zu den wenigen Männern, die der Libanon hervorbrachte und die dem Nahen Osten eine neue Renaissance bescheren können. Ich bin überzeugt, daß die Bewohner dieser Region Männer wie Dr. Schumayyel dringend benötigen, um den Einflüssen entgegenzuwirken, die in Ägypten und Syrien von den Frommen und Sufis ausgehen.

Haben Sie das französische Buch von Khairallah Effendi Khairallah [1822–1930, libanesischer Schriftsteller, der in Paris lebt] gelesen? Ich habe es bis jetzt noch nicht gesehen, aber ein Freund berichtete mir, daß es in diesem Buch ein Kapitel über Sie und ein anderes über mich geben soll. Sollten Sie zwei Ex(emplare) von diesem Buch haben, so wäre ich Ihnen dankbar, wenn Sie mir eins schicken würden. Allah möge Sie dafür belohnen.

Es ist schon Mitternacht. Gute Nacht und Gott bewahre Sie mir.

Ihr treuergebener
Gibran Khalil Gibran

Sehr geehrte Schriftstellerin, liebes Fräulein Marie Ziadeh,

der Friede sei mit Ihrem guten und schönen Geist! Heute erhielt ich die Nummern der Zeitung al-Muqtattaf [arabische Zeitung, die westliches Gedankengut vermittelte (1876–1952)], die Sie mir freundlicherweise zusandten, und ich las Ihre Artikel nacheinander mit großer Freude und Bewunderung. Ich fand in Ihren Artikeln eine Menge Tendenzen und Neigungen, die lange Zeit auch mein Denken bestimmten und meinen Träumen folgten; doch gab es auch andere Grundsätze und Theorien, von denen ich gewünscht hätte, daß wir sie mündlich hätten diskutieren können. Wenn ich jetzt in Kairo wäre, würde ich Sie bitten, mir zu erlauben, Sie zu besuchen, um uns ausführlich über Themen wie «den Geist der Orte» oder «Verstand und Herz» zu unterhalten ebenso wie über einige Anschauungen von Henri Bergson. Doch Kairo ist im entfernten Osten und New York im äußersten Westen, und so bietet sich keine Möglichkeit für eine Unterhaltung, die ich mir so sehr erhofft und erwünscht hätte.

Ihre Artikel zeigen deutlich den Zauber Ihrer Talente, die Fülle ihrer Kenntnisse sowie Ihren sicheren Geschmack in der Auswahl Ihres Materials und seiner Bearbeitung. Außerdem bringen Sie Ihre besonderen persönlichen Erfahrungen zum Ausdruck – und meiner Meinung nach haben eigene Erfahrungen und persönliche Überzeugungen einen Vorrang vor aller Art von Wissen und Wirken –, deshalb gehören Ihre Abhandlungen zu den besten ihrer Art in der arabischen Sprache.

Doch erlauben Sie mir, Ihnen eine Frage zu stellen. Wird nicht der Tag kommen, an dem Sie Ihre großen Talente dazu verwenden werden, die Geheimnisse Ihres Herzens, die besonderen persönlichen Erfahrungen und das Mysterium Ihrer Seele zu offenbaren, statt sich der Erörterung aktueller Fragen zu widmen? Ist nicht schöpferisches Tun wichtiger und dauerhafter als Berichte über diejenigen, die schöpferisch tätig sind? Sind Sie nicht auch der Meinung, daß es besser ist, ein Gedicht oder einen Prosatext zu schreiben als eine gelehrte Abhandlung über Dichter und Dichtung? Als einer Ihrer Bewunderer würde ich es vorziehen, beispielsweise ein Gedicht von Ihnen über das Lächeln der Sphinx zu lesen als einen Artikel von Ihnen über die Geschichte der ägyptischen Kunst und ihre Entwicklung von einer Epoche zur anderen und von einer Dynastie zur anderen, und zwar aus folgendem Grund: In Ihrem Gedicht über das Lächeln der Sphinx vermitteln Sie mir etwas Persönliches, während Sie durch eine Abhandlung über die Geschichte der ägyptischen Kunst meine Aufmerksamkeit auf etwas Allgemeines und rein Intellektuelles lenken.

Doch was ich eben sagte, ist nicht unvereinbar mit Ihrer Fähigkeit, persönliche und subjektive Erfahrungen einzubringen, auch wenn Sie über die ägyptische Kunstgeschichte schreiben. Dennoch meine ich, daß die Kunst – und sie ist der Ausdruck für alles, was im Innern des Menschen strömt, schwingt und Form annimmt – Ihren außergewönlichen Talenten mehr entspricht und angemessener ist als die Analyse dessen, was in der Gesellschaft strömt, schwingt und Form annimmt.

Das eben Gesagte ist eine Bitte und ein Appell im Namen der Kunst. Ich appelliere an Sie, um Sie in jene zauberhaften Gefilde zu führen, wo Sie Sappho, Elizabeth Browning [Schriftstellerin (1806–1861)], Alice Schreiner [Schriftstelle-

Der Schöpfer, der Bogen und die Pfeile – Aquarell

rin (1855–1920)] und andere Ihrer Schwestern treffen werden, die eine Leiter aus Gold und Elfenbein zwischen Himmel und Erde aufgerichtet haben.

Seien Sie meiner Bewunderung versichert und empfangen Sie meine tiefe Hochachtung! Gott bewahre Sie mir!

Ihr treuergebener
Gibran Khalil Gibran

Mein liebes Fräulein May,

Ihr Brief brachte mir die Erinnerung an tausend Frühlinge und tausend Herbste zurück, und ich stand wieder vor jenen Geistern, die wir ins Leben riefen und die sich zurückzogen und in Schweigen hüllten, als in Europa der Vulkan [Erster Weltkrieg] ausbrach. Und wie lange war dieses Schweigen und wie tief!

Wissen Sie, meine Freundin, daß ich in unserem Dialog, der unterbrochen wurde, Trost, Vertrauen und Entspannung fand? Wissen Sie, daß ich mir sage: Dort im fernen Osten gibt es ein Mädchen, das anders ist als alle anderen Mädchen; noch bevor sie geboren wurde, betrat sie den Tempel; sie steht im Allerheiligsten und kennt die göttlichen Geheimnisse, die von den Mächtigen des Morgens gehütet werden; sie machte meine Heimat zu der ihren und mein Volk zu ihrem Volk. Wissen Sie, daß ich diese Hymne ins Ohr meiner Fantasie flüsterte, jedesmal, wenn mich ein Brief von Ihnen erreicht? Wenn Sie das gewußt hätten, so hätten Sie nie aufgehört, mir zu schreiben – aber vielleicht wußten Sie es doch und unterbrachen deshalb unseren Briefwechsel –, und dies würde nicht einer gewissen Entschlußkraft und Weisheit entbehren.

Was den Artikel über die Sphinx betrifft, so ist der Himmel Zeuge, daß ich Sie nicht darum gebeten hätte, wenn nicht der Besitzer der Zeitschrift al-Funun nachdrücklich darauf bestanden hätte – Gott möge ihm verzeihen! Es ist gegen meine Natur, von Dichtern Themen einzufordern, und besonders von Dichtern, die sich nur vom Leben inspirieren lassen, wenn sie schreiben, und Sie gehören zu dieser kleinen Gruppe von Dichtern. Ich weiß auch, daß es die Kunst ist, die Forderungen an uns stellt, und daß wir umgekehrt keine Ansprüche an die Kunst stellen können. Und es ist mir bewußt, daß allein die Tatsache, einem Künstler ein Thema vorzuschlagen, diesen daran hindert, Vorzügliches zu leisten. Hätten Sie mir damals nur geschrieben: Ich bin im Moment nicht geneigt, einen Artikel über die Sphinx zu schreiben, so hätte ich Ihnen Beifall gespendet und freudig entgegnet: Bravo, möge May lange leben! Sie besitzt ein unverfälschtes, künstlerisches Temperament! – Der langen Rede kurzer Sinn, ich werde Ihnen zuvorkommen und einen Artikel über das Lächeln der Sphinx schreiben, und anschließend werde ich ein Gedicht über das Lächeln von May schreiben, und wenn ich ein Bild mit Ihrem Lächeln hätte, würde ich gleich heute damit beginnen. Sonst müßte ich nach Ägypten fahren, um May und ihr Lächeln zu sehen. Und was könnte der Dichter über das Lächeln einer Frau sagen? Hat Leonardo da Vinci mit seiner «Mona Lisa» nicht das letzte Wort zu diesem Thema gesprochen? Doch gibt es nicht im Lächeln eines libanesischen Mädchens ein Geheimnis, das nur ein Libanese enthüllen und beschreiben kann? Oder ist es so, daß eine Frau – möge sie Libanesin oder Italienerin sein – lächelt, um die Geheimnisse der Ewigkeit hinter dem Schleier zu verbergen, den ihre Lippen weben?

Und der «Narr» [Buch von Gibran, 1918 erschienen] – was soll ich Ihnen zum Narren sagen? Sie schreiben, daß er eine Spur von «Grausamkeit» enthält und auch von «dunklen Höhlen». Bis jetzt habe ich keine solche Kritik gehört, obgleich ich viel gelesen habe, was in Zeitungen und Zeitschriften in Amerika und England über dieses kleine Buch geschrieben stand. Es ist merkwürdig, daß die meisten westlichen Schriftsteller gerade an diesen beiden Stücken «Mein

Freund» und «Die Schlafwandler» Gefallen fanden und sie zitierten und hervorhoben, während Sie, meine Freundin, darin nur Grausamkeit feststellten. Was nützt es einem Menschen, wenn er den Beifall der ganzen Welt gewinnt, aber die Zustimmung von May verliert? Es ist möglich, daß der Narr und seine Träume westlichen Lesern deshalb so gut gefallen, weil sie ihrer eigenen Träume überdrüssig sind und eine angeborene Schwäche für alles Fremde und Unbekannte haben, vor allem wenn es einen orientalischen Anstrich hat. Was die Parabeln und Prosagedichte betrifft, die in der Zeitschrift al-Funun veröffentlicht wurden, so wurden sie aus der englischen Originalfassung von einem Schriftsteller übertragen, dessen Liebe zu mir ein wenig größer ist als seine Kenntnisse der Feinheiten der englischen Sprache.

Ich habe das Wort «Widerwillen», das in Ihrem Kommentar über den Narren vorkam, mit roter Tinte eingekreist, denn ich weiß, daß Sie dieses Wort durch ein anderes ersetzt hätten, wenn Sie in meiner Geschichte «die Schlafwandler» der Unterhaltung zwischen Mutter und Tochter Personifizierungen von «Gestern» und «Heute» zugeschrieben hätten; ist es nicht so?

Und was soll ich über die Höhlen meiner Seele sagen, jene Höhlen, die Sie so zu ängstigen scheinen? – Ich ziehe mich in sie zurück, wenn ich der weiten Wege der Menschen müde bin sowie ihrer blühenden Felder und ihrer dichten Wälder. Ich ziehe mich in die Höhlen meiner Seele zurück, wenn ich keinen anderen Platz finde, meinen Kopf aufzustützen. Und wenn einige von den Menschen, die ich liebe, den Mut hätten, diese Höhlen zu betreten, so würden sie darin nichts anderes finden als einen Mann, der kniend im Gebet verharrt.

Es freut mich, daß Ihnen die drei Zeichnungen im Narren gefallen, was beweist, daß Sie außer Ihren beiden Augen ein drittes Auge besitzen. Auch habe ich immer gewußt, daß Sie abgesehen von Ihren beiden sichtbaren Ohren verborgene Ohren besitzen, welche jene feinen Stimmen hören, die dem Schweigen gleichen – jene Stimmen, die nicht von Lippen und Zungen hervorgebracht werden, sondern jenseits von Zungen und Lippen gebildet werden, Stimmen aus süßer Einsamkeit, aus Freud und Leid und aus der Sehnsucht nach jener fernen, unbekannten Welt.

Sie fragen mich, ob ich wolle, daß mich überhaupt jemand verstehe, da ich doch den Standpunkt vertrete, daß «diejenigen, die uns verstehen, sich uns unterwerfen». Nein, nein, ich möchte von keinem menschlichen Wesen verstanden werden, wenn sein Verständnis eine Art geistiger Versklavung bedeutet. Wie zahlreich sind diejenigen, die uns zu verstehen glauben, weil sie in unserem äußeren Verhalten etwas entdeckten, das ähnlich dem ist, was sie einmal in ihrem Leben erfahren haben. Und wenn sie sich damit begnügten, unsere Geheimnisse zu kennen – jene Geheimnisse, die wir selber nicht verstehen –, aber darüber hinaus müssen sie uns klassifizieren, definieren und in eins der Schubfächer ihrer Ideen und Überzeugungen einordnen, wie es der Apotheker tut mit seinen Medikamentenfläschchen und Pudern.

Ist nicht der Schriftsteller, der behauptet, daß Sie mich in einigen Ihrer Schriften imitieren, einer dieser Menschen, die glauben, unsere Geheimnisse zu verstehen? Können Sie ihn davon überzeugen, daß die Unabhängigkeit der Ausgangs- und Orientierungspunkt aller Geister ist und daß Eichen und Weiden nicht im Schatten des jeweils anderen wachsen können?

Ich bin am Ende meines Briefes angelangt, ohne ein Wort davon gesagt zu haben, was ich zu Beginn des Briefes vorhatte, Ihnen zu schreiben. Doch wer von uns wäre imstande, den feinen Dunst, der uns umgibt, in Statuen und Stelen zu verwandeln? Doch das libanesische Mädchen, das hört, was hinter dem Krimmm ist, wird auch im Dunst Bilder und Phantome sehen.

Frieden Ihrer schönen Seele und Ihrem großmütigen, edlen Herzen! Möge Gott Sie schützen!

Ihr treuergebener
Gibran Khalil Gibran

Mein liebes Fräulein May,

hiermit sende ich Ihnen die erste Kopie des Reigens [Buch von Gibran, 1919 erschienen], der heute erschien. Wie Sie sehen, ist es ein Traum, der zur Hälfte aus Dunst besteht und zur anderen Hälfte eine wahrnehmbare Form besitzt. Wenn Ihnen etwas daran gefällt, so wird Ihre Zustimmung das Werk in eine schöne Wirklichkeit verwandeln, wenn nicht, wird alles zu Dunst werden.

Tausend Grüße und Frieden Ihrem guten Geist, und möge Gott Sie beschützen und bewahren.

Ihr treuergebener
Gibran Khalil Gibran

Mein liebes Fräulein May,

als ich heute von einer längeren Reise aufs Land zurückkehrte, fand ich Ihre drei Briefe mit dem schönen Artikel, den sie in al-Mahrusa [Ägyptische Zeitung. Der Vater von May Ziadeh war zunächst einer der Herausgeber, später war er der Eigentümer. Nach seinem Tod übernahm May Ziadeh Verlag und Herausgeberschaft.] veröffentlicht haben. Ich erfuhr von meinem Diener, daß alle drei Briefe – vielmehr der kostbare Schatz – vor vier Tagen zusammen hier eintrafen. Es scheint, daß die ägyptische Post die Aussendung der Briefe ebenso verzögert wie ihren Eingang.

Ich habe alles, was mich sonst noch in meinem Büro erwartete, stehen- und liegenlassen, um meinen Tag damit zu verbringen, Ihren Worten zu lauschen, die sich zwischen Süße und Tadel bewegen – ich sage Tadel, denn ich fand in Ihrem zweiten Brief einige Bemerkungen, die – hätte ich es zugelassen – aller Freude einen Wermutstropfen Schmerz hinzugefügt hätten. Doch wie sollte ich es mir erlauben, einer vorüberziehenden Wolke mehr Beachtung zu schenken als dem klaren, bestirnten Himmel? Wie sollte ich meine Blicke von einem blühenden Baum abwenden, um sie auf den Schatten einer seiner Zweige zu richten? Und wie sollte ich nicht den kleinen Schmerz hinnehmen, der von einer duftenden Hand voller Edelsteine ausgeht?

Unser Dialog, den wir nach fünfjährigem Schweigen wiederaufgenommen haben, soll ja nicht in Kontroversen und Auseinandersetzungen ausarten; ich werde alles akzeptieren, was Sie sagen in der Überzeugung, daß es den 7000 Meilen, die uns trennen, nicht eine einzige Spanne hinzufügt; wir müssen vielmehr bemüht sein, diese Entfernung zu verkürzen durch das, was Gott in uns angelegt hat an Neigung zum Schönen, an Sehnsucht nach der Quelle und Sehnsucht nach dem Ewigen. Es genügt, meine Freundin, was die Tage und Nächte an Schmerzen, Verwirrung, Mühen und Schwierigkeiten mit sich bringen. Meiner Meinung nach ist eine Idee, die vor dem Absoluten und Elementaren bestehen kann, vor einem Wort in einem Buch oder einer Bemerkung in einem Brief gefeit. So laß uns unsere Meinungsverschiedenheiten – und die meisten sind rein verbaler Art – in einen goldenen Kasten legen und ihn in ein Meer des Lächelns werfen!

Wie schön sind Ihre Briefe, May, und wie erfreulich! Sie sind wie ein Fluß aus Nektar, der sich von den Gipfeln der Berge singend ins Tal meiner Träume ergießt, ja, sie sind wie die Lyra des Orpheus, die das Ferne näherrückt und das Nahe entfernt und die durch ihr magisches Beben Steine in brennende Fackeln verwandelt und trockene Zweige in schwingende Flügel. Ein Tag, der mir einen Brief von Ihnen bringt, kommt für mich einem Berggipfel gleich! Und was soll ich von einem Tag sagen, an dem mich drei Briefe von Ihnen erreichen! An einem solchen Tag verlasse ich die ausgetretenen Wege der Zeit und bewege mich in den Straßen der Stadt «Iram auf den Säulen» [eine im Koran erwähnte auf Säulen gebaute Stadt.]

Wie soll ich Ihre Fragen beantworten? Und wie soll ich unseren Dialog fortsetzen, wenn es in meinem Herzen etwas gibt, das nicht mit der Tinte aufs Papier fließt? Doch wir müssen unser Gespräch fortsetzen! Und ich bin überzeugt, Sie werden auch das verstehen, was ungesagt bleibt.

28

In Ihrem ersten Brief schreiben Sie: «Wenn ich in diesen Tagen in New York wäre, hätte ich Ihr Studio besucht!» Waren Sie denn noch nicht in meinem Studio? Gibt es nicht hinter dem sichtbaren Kleid der Erinnerung einen unsichtbaren Körper der Erinnerung?

Mein Studio ist mein Tempel, mein Freund, mein Museum, mein Himmel und meine Hölle. Es ist ein Wald, in dem das Leben das Leben ruft, und es ist eine Wüste, in deren Mitte ich stehe und nichts anderes sehe als ein Meer aus Sand und ein Meer aus Äther. Mein Studio ist ein Haus ohne Wände und Dach, meine Freundin. In meinem Studio gibt es viele Dinge, die ich liebe und aufbewahre. Ich begeistere mich für antike Kunstobjekte, und in meinem Studio befindet sich eine kleine Sammlung seltener Kostbarkeiten aus vergangenen Zeiten wie etwa Statuen und Skulpturen aus Ägypten, Griechenland und Rom, phönizisches Glas, persische Töpferware, alte Bücher, italienische und französische Bilder sowie Musikinstrumente, die selbst in der Stille sprechen. Irgendwann muß ich eine chaldäische Statue aus schwarzem Stein dazu erwerben. Ich habe nämlich eine besondere Vorliebe für alles, was chaldäisch ist: die Legenden dieses Volkes, seine Poesie, seine Gebete und seine Architektur und für den winzigsten Rest, den die Jahrhunderte von seiner Kunst und seinem Handwerk bewahrt haben; sie wecken in meinem Innern unbestimmte, ferne Erinnerungen, sie tragen mich zurück in vergangene Zeiten und zeigen mir die Gegenwart durch das Fenster der Zukunft. Ich liebe diese antiken Objekte, denn sie sind die Früchte des menschlichen Denkens, das in einer langen Prozession von Tausenden von Füßen aus der Dunkelheit ins Licht zieht – dieses unsterbliche Denken, das in seiner Kunst in die Tiefen des Meeres taucht und zu den Höhen der Milchstraße aufsteigt.

Was Ihre Bemerkung betrifft: «Wie glücklich sind Sie, da Sie in Ihrer Kunst Befriedigung finden!», so habe ich lange darüber nachgedacht. Nein, May, ich bin weder zufrieden noch bin ich glücklich. In meinem Innern gibt es etwas, das keine Zufriedenheit kennt, aber auch keine Begierde, etwas, das kein Glück kennt, aber auch kein Unglück. In meinem Innern gibt es ein ständiges Pulsieren und einen ununterbrochenen Schmerz, doch ich möchte weder das eine noch das andere ändern. Ein Mensch in einer solchen Lage kennt weder Glück noch Zufriedenheit, doch er verzichtet darauf, sich zu beklagen, denn in der Klage gibt es eine gewisse Erleichterung und Überwindung.

Und Sie, sind Sie glücklich und zufrieden mit Ihren großen Talenten? Erzählen Sie mir, May, ob Sie zufrieden und glücklich sind? Fast höre ich Sie flüstern: Nein, ich bin weder glücklich noch zufrieden. Zufriedenheit ist nämlich Genügsamkeit, die sich begrenzt, während Sie unbegrenzt und unendlich sind. Was das Glück betrifft, so stellt es sich ein, wenn der Mensch seine Seele mit dem Wein des Lebens füllt; doch derjenige, dessen Weinglas 7000 Parasange [Meilen] tief ist und 7000 Parasange breit, kennt kein Glück, es sei denn, das ganze Leben ergießt sich in sein Glas. Und ist Ihr Kelch nicht 7001 Parasange tief, May?

Was soll ich von meinem Geisteszustand sagen? Vor ein oder zwei Jahren noch war mein Leben nicht leer an Ruhe und Frieden; doch heute hat sich die Ruhe in Lärm verwandelt und der Friede in Kampf. Die Menschen verschlingen meine Tage und meine Nächte und überfluten meine Träume mit ihren Wünschen und Ambitionen. Viele Male floh ich aus dieser verwirrenden Stadt an einen fernen Ort, um mich von den Menschen zu befreien ebenso wie von den Phantomen meiner Seele. Doch das mächtige amerikanische Volk ermüdet

Micheline

nicht und rastet nicht, es schläft nicht und träumt nicht; wenn dieses Volk jemanden haßt, so tötet es ihn durch Unaufmerksamkeit, und wenn es jemanden liebt, so tötet es ihn durch Sympathie. Wer in New York überleben will, der muß ein scharfes Schwert sein in einer Scheide aus Honig, ein Schwert, um diejenigen zu erschrecken, welche die Zeit töten wollen, und Honig, um die Hungrigen zufriedenzustellen.

Ein Tag wird kommen, an dem ich in den Orient fliehen werde. Die Sehnsucht nach meiner Heimat verzehrt mich fast; und gäbe es nicht diesen Käfig, dessen Stäbe ich mit eigenen Händen gefertigt habe, so hätte ich das erste Schiff genommen, das in den Orient aufbricht. Doch welcher Mensch ist imstande, das Haus zu verlassen, das er ein Leben lang Stein auf Stein erbaut hat – selbst wenn dieses Haus sein Gefängnis wurde, kann und will er sich nicht für einen Tag daraus befreien.

Verzeihen Sie mir, liebe Freundin, daß ich Sie belästigt habe, indem ich von mir selber sprach und mich über Dinge beklagte, für deren Lösung wir uns einsetzen müßten, statt sie zu bedauern.

Die Tatsache, daß Ihnen «Der Reigen» gefällt, hat ihn mir noch lieber gemacht, und daß Sie seine Verse auswendig lernen wollen, wie Sie schreiben, bedeutet eine Gunst, vor der ich meinen Kopf beuge; ich bin mir bewußt, daß Ihr gutes Gedächtnis fähig ist, noch viel erhabenere, ausdrucksstärkere und erlesenere Gedichte zu memorieren als die des Reigens, ja, sogar als alle Gedichte, die ich bisher schrieb und jetzt schreibe. Was Sie über die Zeichnungen in diesem Buch sagen: «Ihr Künstler bringt diese wunderbaren Dinge mit einer Kraft zum Ausdruck, die Euch von den Königen des Firmaments anvertraut wurde, während wir, das Publikum, außerstande sind, sie zu verstehen, und so werdet Ihr aufgrund unseres Unwissens ungerecht beurteilt, und wir sind aus dem gleichen Grund unglückliche Verlierer.»

Dies sind Worte, die ich nicht zulasse, und ich bitte Sie, sich dagegen aufzulehnen (wie oft habe ich selber rebelliert!). Sie sind eine von uns, May! Sie sind unter den Söhnen und Töchtern der Kunst wie die Rose inmitten ihrer Blätter. Ihr Artikel in al-Mahrusa über die Zeichnungen im Narren ist Beweis genug für Ihr tiefes künstlerisches Wahrnehmungsvermögen, Ihr eigenständiges Denken und Ihre kritische Intelligenz, die sieht, was nur wenige Menschen sehen. Ich übertreibe nicht, wenn ich sage, daß Sie das erste orientalische Mädchen sind, das mit festem Schritt, erhobenem Haupt und heiterem Blick durch den Wald der Pleiaden geht, so als bewegte es sich im Haus seines Vaters. Sagen Sie mir, wie Sie all das gelernt haben, was Sie wissen, in welcher Welt Sie die Schätze Ihrer Seele gesammelt haben und in welcher Epoche Ihr Geist lebte, bevor er in den Libanon kam? Wahrlich im Genie gibt es ein Mysterium, das tiefer ist als das Geheimnis des Lebens.

Sie wollen wissen, was Menschen aus dem Westen über mich sagen. Tausend Dank für Ihr Interesse und Ihren Patriotismus! Die Menschen aus dem Okzident haben viel gesagt, und alles, was sie sagten, war übertrieben; sie waren zu extrem in ihren Ansichten und suchten ein Kamel im Hasenstall. Gott weiß, meine Freundin, daß ich nichts Gutes über mich gelesen habe, ohne daß es mich in meinem Herzen bedrückte, denn Zustimmung ist eine Art von Verantwortung, welche die Menschen auf unsere Schultern legen und die uns unsere Schwäche spüren läßt. Doch wir müssen vorwärtsgehen, auch wenn die schwere Last unseren Rücken krümmt. Und wir müssen versuchen, unsere Schwäche in Stärke zu verwandeln.

Mit getrennter Post sende ich Ihnen einige Presseausschnitte aus Zeitungen und Zeitschriften; Sie werden sehen, daß die Menschen aus dem Westen ihrer selber und der Phantome ihrer Geister überdrüssig sind; darum suchen sie Ablenkung und wenden sich dem Fremden und Unbekannten zu, vor allem wenn es orientalisch ist. So waren die Athener am Ende ihres goldenen Zeitalters.

Vor einem Monat oder mehr sandte ich eine Sammlung von Presseauszügen zum Narren an Herrn Emil Zaydan [Herausgeber der Zeitung al-Hilal] – er ist gewiß einer Ihrer Freunde.

Ich preise und danke Gott für das Ende der Krise bei Ihnen. Ich las die Zeitungsberichte über die Demonstrationen. Ich stellte mir vor, daß Sie angstvoll und unruhig sind, was mich selber ängstlich und unruhig machte. In einer solchen Situation rufe ich mir Shakespeares Worte ins Gedächtnis:

> *… do not fear our person,*
> *There's such divinity doth hedge a king,*
> *That treason can but peep to what it would,*
> *Acts little of his will.*
> Hamlet, Akt IV, Szene 5

Sie, May, gehören zu denjenigen, die beschützt werden, und in Ihnen ist ein Engel, den Gott vor allem Bösen bewahrt.

Sie fragten mich auch, ob Sie in diesem Teil der Welt Freunde haben. Bei diesem Leben und allem, was es enthält an verletzender Süße und heiliger Bitterkeit, Sie haben einen Freund in diesem Teil der Welt! Sein Wille verteidigt Sie, seine Seele wünscht Ihnen nur Gutes, er hält das Böse von Ihnen fern und bewahrt Sie vor allem Unrecht. Und ein Freund in der Ferne ist oft näher als ein anwesender Freund. Erscheint der Berg einem Wanderer im Tal nicht eindrucksvoller, mächtiger und vollständiger als einem Bewohner des Gebirges?

Der Abend hat einen Schleier über das Studio gelegt, und ich kann nicht mehr sehen, was meine Hand schreibt. Tausend Grüße an Sie und tausendmal Friede mit Ihnen, und möge Gott Sie immer beschützen und bewahren.

Ihr treuer Freund
Gibran Khalil Gibran

Mein liebes Fräulein May,

seit meinem letzten Schreiben an Sie kommen Sie mir nicht mehr aus dem Sinn. Lange Stunden verbringe ich damit, an Sie zu denken, mich mit Ihnen zu unterhalten, Ihre Geheimnisse zu entdecken und Ihre Tiefen zu ergründen. Und was merkwürdig ist, mehrere Male spürte ich sogar Ihre ätherische Präsenz in diesem Büro, die meine Bewegungen beobachtete, mit mir sprach und argumentierte und ihre Meinung äußerte über das, was ich tue und was mir widerfährt.

Diese Worte werden Sie überraschen. Ich selbst wundere mich über mein Bedürfnis und mein Verlangen, Ihnen zu schreiben. Wäre es mir doch möglich, die Geheimnisse zu erkennen, die sich hinter diesem Bedürfnis und Verlangen verbergen!

Sie schrieben einmal, «daß es zwischen geistbegabten Menschen stets zu Auseinandersetzungen und Gedankenaustausch komme, die beide von der sinnlichen Wahrnehmung nicht erfaßt werden; und wieviel mehr trifft dies zu, wenn es sich um Söhne und Töchter des gleichen Vaterlandes handelt».

Dieser schöne Satz enthält eine fundamentale Wahrheit, die ich in der Vergangenheit rational anerkannt habe und die ich nun durch persönliche Erfahrung kennenlerne. In der letzten Zeit erlebte ich eine geistige, zarte, starke und seltene Verbindung, die sich in ihrer Natur, ihren Vorzügen und ihrem Einfluß von jeder anderen Beziehung unterscheidet, sie ist stärker und dauerhafter als Familienbande oder ideelle Verbindungen. Nicht ein einziger Faden dieses Ban-

36

des wurde aus den Tagen und Nächten zwischen Wiege und Grab gewoben. Kein einziger Faden wurde von einem Vorsatz der Vergangenheit, einem Verlangen der Gegenwart oder einem Ziel der Zukunft gesponnen. Dieses Band bestand seit Anbeginn, ohne daß es von der Vergangenheit und Gegenwart noch von der Zukunft geflochten worden wäre.

In einer solchen Verbindung, May, in einem so innigen Gefühl und gegenseitigem Verständnis gibt es Träume, die seltener, unergründiger und wunderbarer sind als alles andere, was im menschlichen Herzen schwingt, Träume hinter Träumen, hinter Träumen …

Und in diesem gegenseitigen Verständnis, May, gibt es ein tiefes, stilles Lied, das wir im Schweigen der Nacht vernehmen und das uns fortträgt über Nacht und Tag hinweg, über Zeit und Ewigkeit hinaus.

Ein solches Gefühl, May, schließt Schmerz und Leid nicht aus; sie vergehen nicht, doch werden sie uns lieb, und zwar so sehr, daß wir – selbst wenn wir es könnten – sie nicht eintauschen würden gegen jedes erdenkliche Vergnügen und jede vorstellbare Ehre.

Mit dem oben Gesagten versuchte ich, May, Ihnen mitzuteilen, was Ihnen niemand anders übermitteln kann als jemand, dessen Seele der Ihren gleicht. Wenn ich Ihnen damit ein Geheimnis enthüllte, das Ihnen vertraut ist, so gehöre ich zu denjenigen, die das Leben liebt und dem es erlaubt, vor dem weißen Thron zu stehen; handelt es sich aber um ein Geheimnis, das nur für mich Gültigkeit hat, so übergeben Sie diesen Brief dem Feuer!

Ich flehe Sie an, meine Freundin, mir zu schreiben. Ich flehe Sie an, mir mit jenem freien, lauteren und beflügeltem Geist zu schreiben, der sich hoch über die Wege der Menschen erhebt. Sie und ich, wir wissen eine Menge über die

Menschen, über die Kräfte, die sie zusammenführen, und die Handlungen, die sie entfremden.

Sollten wir uns nicht – und sei es auch nur für eine Stunde – von diesen ausgetretenen Pfaden abwenden, und sollten wir nicht – sei es auch nur ein einziges Mal – anhalten, um zu sehen, was sich hinter der Nacht und dem Tag, hinter Zeit und Ewigkeit verbirgt?

Gott schütze und bewahre Sie, May!

Ihr treuer Freund
Gibran Khalil Gibran

Mein liebes Fräulein «May»,

Sie grollen mir und rächen sich an mir, und Sie haben völlig recht. Und mir bleibt nichts anderes übrig, als mich Ihrem Willen zu fügen. Welchen Fehler auch immer ich begangen haben soll, ich, der ich so weit entfernt bin von der Welt des Messens und Wägens, können Sie ihn nicht vergessen? Wollen Sie nicht in den «goldenen Kasten» legen, was nicht wert ist, im «ätherischen Kasten» aufbewahrt zu werden?

Ein Abwesender kann nicht wissen, was ein Anwesender weiß; und es ist nicht gerecht, das Unwissen eines Abwesenden als Schuld zu betrachten, denn Schuld setzt Kenntnis und Wissen voraus. Ich möchte nicht versehentlich auch nur eine winzige Menge flüssiges Blei oder heißes Wasser auf die Finger des Schuldbewußten gießen, denn ich weiß, daß jede Schuld bereits in sich eine Strafe für den Schuldigen bedeutet und daß das Unglück der meisten Menschen in dem besteht, was man ihnen an Handlungen zuschreibt.

Ich selbst fand Trost in jenem transparenten Element, vor dem alle Entfernungen, Grenzen und Hindernisse schwinden. Die einsame Seele beruhigt sich in diesem Element, und sie braucht niemanden um Hilfe zu rufen. Sie – die Sie oft in dieser geistigen Welt weilen –, Sie wissen, daß das transparente Element in uns sich von unseren Handlungen abwendet, ebenso wie es sich von unserer noch so schönen Rhetorik und unseren edelsten künstlerischen Ambitionen entfernt. Und wenn dieses Element auch vertraut ist mit dem Poetischen in uns, so dichtet es selber keine Hymnen, und es drückt seine Geheimnisse weder in Buchstaben und Linien noch in Farben aus. Jeder Mensch kann sich bezüglich seiner Absichten und Ziele verstellen, er kann mit seinem Ehrgeiz spielen und mit seinem Denken handeln, aber es gibt kein menschliches Wesen, das sich in seiner Einsamkeit verstellt, mit seinem Leid spielt oder mit seinem Hunger und Durst handelt. Unter den Menschen gibt es niemanden, der die Bilder seiner Träume verändern oder die Geheimnisse seiner Seele von einem Ort zum anderen verpflanzen könnte. Kann das Schwache und Kümmerliche in uns das Starke und Mächtige in unserem Inneren vertreiben? Kann das entlehnte Wesen in uns, das von der Erde ist, das in uns vom Himmel angelegte Wesen verändern oder modifizieren? Diese blaue Flamme leuchtet unauslöschlich in uns, sie verändert, ohne selbst verändert zu werden, und sie befiehlt, ohne sich befehlen zu lassen.

Glauben Sie wirklich – Sie, die Sie sich einer so außergewöhnlichen Bildung erfreuen –, daß die leichte Ironie auf einem Feld wächst, dessen Boden vom Leid gepflügt und von der Einsamkeit bepflanzt wird und dessen Früchte Hunger und Durst ernten? Glauben Sie, daß der philosophische Witz Seite an Seite geht mit der Wahrheitsliebe und dem Streben nach dem Absoluten? Sie, meine Freundin, stehen über solchem Zweifel und Argwohn. Der Zweifel ist nämlich das Los der Ängstlichen, und der Argwohn stellt sich bei Menschen ein, die kein Selbstvertrauen haben. Sie aber sind stark und positiv, und Sie besitzen ein gerütteltes Maß an Selbstvertrauen. Warum glauben Sie nicht an all das, was das Schicksal in Ihre Hände legt? Und warum wenden Sie Ihren Blick nicht ab vom schönen Schein und hin zur inneren Wahrheit.

Ich habe die Sommermonate in einem einsamen, abgelegenen Haus verbracht, das wie ein Traum zwischen dem Meer und dem Wald liegt. Jedesmal wenn ich meine Seele im Wald verloren hatte, ging ich zum Meer und fand sie wieder, und hatte ich sie in den Wellen verloren, so kehrte ich in den Schatten der Bäume zurück und fand sie dort wieder.

Die Wälder dieses Landes unterscheiden sich von den Wäldern in der übrigen Welt; sie sind frisch, dicht und üppig und erinnern uns an vergangene Jahrhunderte, an den Beginn der Zeit, «als das Wort bei Gott war und Gott das Wort war». Dagegen ist unser Meer wie das Ihre, und diese beflügelte Stimme, die Sie an den Ufern Ägyptens vernehmen, hören wir auch an unseren Küsten. Und die tiefe Ruhe, die Ihre Herzen mit Ehrfurcht und Schrecken erfüllt, erfüllt auch die unseren mit Schrecken und Ehrfurcht. Ich lauschte der Musik des Meeres im Orient und im Okzident, und überall vernahm ich das Lied der Ewigkeit, das den Geist zu den höchsten Höhen erhebt und in die tiefsten Tiefen versenkt; manchmal erfüllt sie ihn mit Traurigkeit und manchmal mit innerem Frieden. Ich lauschte diesen Melodien am Sandstrand von Alexandrien – ja, an Alexandriens Sandstrand! –, und das war im Sommer 1903. An diesem Meer einer alten Zivilisation lauschte ich der Unterhaltung der Jahrhunderte, ebenso wie ich ihr gestern am Meer der modernen Zivilisation lauschte. Diese Unterhaltung hatte ich mit acht Jahren zum ersten Mal gehört; sie hatte mich verwirrt, und ich stellte die Geduld und Ausdauer meiner verstorbenen Mutter mit meinen zahlreichen Fragen auf eine harte Probe.

Diese Unterhaltung höre ich auch heute, und ich stelle die gleichen Fragen, doch diesmal stelle ich sie der universellen Mutter, und sie antwortet mir anders als durch Worte. Sie läßt mich vieles verstehen, doch immer wenn ich versuche, das Verstandene anderen verständlich zu machen, wandeln sich die Worte in

meinem Mund in tiefes Schweigen. Und heute – da ich mich wie ein Achtzig-
jähriger fühle –, heute sitze ich wie der Achtjährige am Ufer des Meeres und
schaue zum entferntesten Punkt am blauen Firmament, und wieder stelle ich
tausendundeine Frage: Gibt es jemanden in euren Welten, der uns antwortet?
Könnten sich die Tore der Ewigkeit nicht wenigstens für eine Minute öffnen, damit wir sehen, was sie an Geheimnissen und Mysterien verbergen? Ist es nicht
möglich, daß ihr uns ein einziges Wort offenbart über jene geheimnisvollen,
wirksamen und mächtigen Ordnungen, die uns in diesem Leben umgeben, bevor der Tod seinen weißen Schleier auf unser Gesicht legt?

Sie fragen mich, ob ich die Vorteile des mühelosen Scherzens nicht schätze.
Doch, ich schätze sie, ich schätze sie sogar sehr, aber erst, nachdem ich seine
Ausdrücke in meine persönliche Sprache übersetzt habe. Und was die Mühe betrifft, so ist sie eine Leiter, auf der wir in die Höhe gelangen. Natürlich würde ich
diese Höhen am liebsten fliegend erreichen, aber das Leben hat meine Flügel
nicht gelehrt, zu flattern und zu fliegen. Was soll ich da machen? Jedenfalls ziehe
ich die verborgene Wahrheit der sichtbaren und augenscheinlichen Wahrheit
vor, ebenso wie ich die stille Wahrnehmung, die umfassend und zufriedenstel-
lend ist, jener Wahrnehmung vorziehe, die der Erläuterungen und Erklärungen
bedarf. Doch fand ich auch, daß dem himmlischen Schweigen stets ein himm-
lisches Wort vorausgeht.

Ich schätze diese Vorteile durchaus; ja, ich schätze eigentlich alles im Leben
außer der Verwirrung. Und wenn diese Vorteile in Verbindung mit der Verwirrung auftreten, so schließe ich meine Augen und sage zu mir: Das ist wieder ein
Kreuz, das ich tragen muß – zusammen mit den anderen hundert Kreuzen. Dabei ist die Verwirrung an sich nichts Verwerfliches. Sie hat mich nur in der Ver-

Die seelische Reinigung und der kosmische Tempel – Aquarell

gangenheit bis zum Überdruß begleitet, ich aß sie wie Brot und trank sie wie Wasser, sie war das Lager, auf das ich mich bettete, und das Gewand, das ich trug, bis ich es satt hatte und ihren Namen weder hören noch aussprechen konnte; da floh ich aus dem Schatten ihres Schattens.

Ich glaube, daß Ihr Artikel über den «Reigen» im arabischen Sprachraum der erste seiner Art ist. Es ist die erste Studie, die zu ergründen sucht, was der Autor im Sinn hatte, als er dieses Buch schrieb. Wie schön wäre es, wenn die Kritiker von Ihnen lernen würden, auf den geistigen Gehalt eines Werkes einzugehen, statt lediglich die formalen Aspekte zu berücksichtigen, und wenn sie die psychologischen Tendenzen der Dichter gründlicher erforschten als ihre Ausdrucksformen. Ich sollte keinen persönlichen Dank zum Ausdruck bringen, denn ich weiß, daß Ihr Artikel mit der größten Objektivität geschrieben wurde. Wollte ich dennoch meine Dankbarkeit im Namen der Nation ausdrücken, so müßte ich einen Artikel über Ihr Werk schreiben. Das aber würden unsere zeitgenössischen Orientalen für unvereinbar halten mit gutem Geschmack. Aber der Tag wird kommen, an dem ich mein Wort über «May» sagen werde, und es wird ein wichtiges Wort sein, gründlich und ausführlich, und es wird schön sein, denn es wird wahr sein.

Das Buch, das in diesem Herbst von mir erscheinen soll, ist eine Sammlung von Zeichnungen – ohne Lärm und ohne Rebellion. Und hätte es keinen Streik gegeben, so wäre es bereits vor drei Wochen erschienen. Im kommenden Jahr werde ich wahrscheinlich zwei Bücher veröffentlichen, das erste unter dem Titel «Der Einsame»; das zweite Buch ist eine Sammlung symbolischer Zeichnungen, und es soll unter dem Titel «Towards God» erscheinen. Mit diesem letztgenannten Werk schließe ich eine Periode ab und beginne eine neue.

Was den Propheten angeht, es ist ein Buch, das ich seit tausend Jahren zu schreiben beabsichtige, doch bis jetzt habe ich noch kein einziges Kapitel zu Papier gebracht. Was soll ich über den Propheten sagen? Er ist meine zweite Geburt und meine erste Taufe. Er ist der einzige Gedanke in mir, der mich würdig machen wird, vor dem Angesicht der Sonne zu stehen. Dieser Prophet zeugte mich, bevor ich ihn zeugte, und er schrieb mich, bevor ich ihn schrieb. Er ließ mich siebentausend Parasange [Meilen] schweigend ihm folgen, bevor er anhielt und mir seine Wünsche und Wege diktierte.

Bitte fragen Sie meinen Begleiter und Helfer, «das transparente Element», nach diesem Propheten, und es wird Ihnen seine Geschichte erzählen. Befragen Sie das «transparente Element» in der Stille der Nacht, wenn die Seele befreit ist von ihren Fesseln und ihrer Masken und Kleider entledigt, und es wird Ihnen die Geheimnisse des Propheten offenbaren.

Ich bin der festen Überzeugung, meine Freundin, daß dieses transparente Element genügend Energie enthält, wenn wir nur ein Stäubchen davon unter einen Berg legten, so würde es diesen von einem Ort zum anderen transferieren. Und ich glaube, nein ich weiß vielmehr, daß wir dieses Element wie einen Draht von einem Land zu einem anderen spannen können, so daß wir mit seiner Hilfe alles wissen werden, was wir wissen wollen, und alles erreichen werden, was wir erreichen wollen.

Ich hätte Ihnen noch vieles zu sagen über das transparente Element, und auch über andere Elemente, aber ich soll schweigen. Und ich werde solange schweigen, bis sich der Nebel auflöst, die Tore der Ewigkeit sich öffnen und der Engel des Herrn zu mir sagt: Sprich, denn die Zeit des Schweigens ist vorüber! Geh, denn du hast lange genug im Schatten der Verwirrung gestanden!

Wann werden sich die Tore der Ewigkeit öffnen? Wissen Sie es? Wissen Sie, wann die Tore der Ewigkeit sich öffnen werden und wann der Nebel sich auflösen wird?

Gott bewahre und beschütze Sie für immer, May!

Ihr treuer
Gibran Khalil Gibran

Mein liebes Fräulein «May»,

Sie wollen die genaue Bedeutung meines Bedauerns wissen und das Geheimnis, das sich hinter meiner Bitte um Vergebung verbirgt. Hier also – so genau und einfach wie möglich – die Hintergründe meines Bedauerns und meines Seelenzustands.

Ich bereue es nicht, jenen Brief geschrieben zu haben, den Sie als «lyrisches Gedicht» bezeichnen, nein ich bereue es nicht!

Ich bereue weder den kleinsten noch den größten Buchstaben dieses Briefes, nein ich bereue nichts!

Da ich mir keines Fehlers bewußt bin, habe ich auch keine Veranlassung, um Vergebung zu bitten. Wie könnte ich etwas bereuen, das jetzt noch in mir existiert, wie es zuvor in mir existierte. Ich gehöre nicht zu denjenigen, die es bereuen, ihre innere Welt zum Ausdruck zu bringen. Noch gehöre ich zu denjenigen, die bei ihrem Erwachen verwerfen, was sie träumten, denn meine Träume entsprechen meinem Wachen und mein Wachsein entspricht meinen Träumen. Mein Leben vollzieht sich nicht, indem ich einen Schritt nach vorne und zwei Schritte nach hinten gehe.

Doch der Fehler, den ich beging, vielmehr von dem ich mir vorstellen könnte, daß ich ihn begangen habe, der ich meilenweit entfernt bin von der Welt des Wiegens und Messens – ist ein anderer. Nachdem ich Ihre Worte gelesen hatte über jenen Libanesen, der Sie besuchte, bevor Sie Kairo verließen, um zu den

Sandküsten Alexandriens aufzubrechen, bedauerte ich es sehr, daß Sie nicht aus Versehen einige Tropfen siedendes Wasser auf seine Hand gegossen haben, um ihn für sein unlöbliches Verhalten zu bestrafen.

Nachdem ich Ihre Darstellung gelesen hatte, bemerkte ich etwas, was ich hätte früher bemerken sollen, nämlich bevor ich jenen Brief bei der Post aufgab. Ich dachte oder stellte mir vor, daß mein Brief Sie beunruhigte, weil ich jenen Vorfall in einem Schreiben erwähnte, das von anderen gelesen werden konnte. Und wer von uns wäre nicht verstimmt und unzufrieden, wenn er erführe, daß sehr persönliche Angelegenheiten in die Hände oder ins Blickfeld von Unbefugten gelangt sind?

Das ist es, was ich zu spät bemerkte, und das ist es, was ich bedaure. Und dies ist die einzige Sache, die ich Sie bitte, in den «Kasten des Vergessens» zu werfen. Ich erwähnte ja bereits die Zensur, die zu der Welt des Wiegens und Messens gehört, und diese Welt ist so weit entfernt von meiner Welt, wie Himmel und Hölle voneinander entfernt sind.

Im letzten Jahr erfuhr ich etwas über die Zensur, das die Eulen auf den Gräbern zum Lachen bringt. Einige der jungen Angestellten im Büro des Zensors öffneten die Briefe, die mir aus dem Orient zugesandt wurden, und sie versahen sie mit einem Anhang von Grüßen und Wünschen sowie mit Bemerkungen zur Politik, Architektur und Kultur. Einige gingen sogar so weit, unter irgendeinem Vorwand Geld von mir zu erbitten.

Und was noch grotesker ist, ein Zensor in Damaskus fand einen größeren freien Platz in einem Brief, der an mich adressiert war, und er füllte ihn mit einem längeren Gedicht aus, in dem er mich rühmt. Wenn ich Ihnen den Inhalt dieses Gedichtes erzählen würde, würden Sie mir gewiß zürnen.

Doch jener andere Brief, das sogenannte «lyrische Gedicht», ist von mir, durch mich und in mir; er ist, wie ich war und wie ich sein werde, und der Brief ist jetzt, wie er gestern war und wie er morgen sein wird. Warum glauben Sie mir nicht und haben kein Vertrauen zu mir, Thomas? Möchten Sie Ihren Finger in die Wunde legen, May?

Erlauben Sie mir, daß ich noch einmal meine Abneigung gegenüber dem Zynismus unter Freunden zum Ausdruck bringe – egal ob er subtil oder nicht subtil ist –, ebenso lehne ich den philosophischen oder unphilosophischen Spaß ab bei denjenigen, die ein geistiges Einverständnis erreicht haben. Vor allem verschmähe ich Heuchelei und Verstellung in allen noch so aberwitzigen Angelegenheiten. Der Grund für diese Ablehnung liegt in dem, was ich in jeder Minute um mich herum erlebe und sehe von den Erscheinungsformen dieser industriellen und motorisierten Zivilisation und von den Hervorbringungen einer Gesellschaft, die sich auf Rädern bewegt, weil sie keine Flügel hat.

Der Grund dafür, daß Sie mir einen subtilen Zynismus unterstellen, liegt wohl darin, was ich im Narren geschrieben habe. Wenn meine Vermutung stimmt, gehöre ich zu den ersten Opfern meines Werkes. Doch der Narr ist nicht identisch mit meiner Person; seine Gedanken sind nicht meine Gedanken, und der Ton, den ich der Figur des Narren angepaßt habe, ist nicht der Ton, den ich wähle, wenn ich mit einem Freund zusammensitze, den ich liebe und ehre. Wenn Sie meine Wahrheit in meinen Werken entdecken wollen, warum wählen Sie dann nicht den Jüngling des Waldes aus dem «Reigen», statt des Narren? Mein Geist, May, gleicht viel mehr dem Jüngling des Waldes und der Melodie seiner Flöte als dem Narren und seinem Geschrei. Sie werden bald erkennen, daß der Narr nichts anderes ist als ein Glied einer langen Kette, die aus verschiedenen Metallen hergestellt ist. Ich leugne nicht, daß der Narr ein ungeschliffenes Kettenglied ist, verfertigt aus unpoliertem Eisen, was aber nicht besagt, daß die gesamte Kette aus diesem Material hergestellt ist. Jeder Geist hat seine Jahreszeiten: Sein Winter ist nicht wie sein Frühling, und sein Sommer ist nicht wie sein Herbst.

Es freute mich, von Ihrer Zugehörigkeit zur Familie Levi [Erstes Priestergeschlecht] zu erfahren. Der Grund für meine Freude ist folgender: Ich bin Sohn der Tochter eines maronitischen Priesters. Ja, mein Großvater mütterlicherseits war ein Priester mit profunder Kenntnis der theologischen Geheimnisse. Aber darüber hinaus begeisterte er sich für sakrale Musik ebenso wie für andere Musik, und deshalb habe ich ihm verziehen, daß er Priester war. Meine Mutter war seine Lieblingstochter, und sie glich ihm am meisten. Im Frühling ihres Lebens hatte sie sich entschlossen, ins Kloster des Heiligen Simeon im Nordlibanon einzutreten. Ich habe von meiner Mutter 90 % ihres Charakters und ihrer Anlagen geerbt, womit ich nicht sagen will, daß ich mich mit ihrer Anmut, Sanftmut und Großherzigkeit messen könnte. Wenngleich ich auch Mönchen gegenüber eine Antipathie hege, so schätze ich die Nonnen sehr und segne sie in meinem Herzen. Mein Liebe für sie ist wohl das Resultat der mystischen Sehnsucht, welche die Fantasie meiner Mutter in ihrer Jugend beflügelte. Ich erinnere mich an eine Unterhaltung, die wir hatten, als ich in den Zwanzigern war. Sie sagte zu mir:

Sicher wäre es für mich und die anderen besser gewesen, wenn ich ins Kloster eingetreten wäre.

Wenn du ins Kloster gegangen wärest, wäre ich nicht auf die Welt gekommen, entgegnete ich ihr.

Du warst vorherbestimmt, mein Sohn, antwortete sie.

Ja, aber ich habe dich als Mutter ausgewählt, lange bevor ich zur Welt kam.

Sie erwiderte: Wenn du nicht auf die Welt gekommen wärest, wärst du ein Engel im Himmel geblieben.

Aber ich bin doch ein Engel! sagte ich.

Sie lächelte und fragte mich: Und wo sind deine Flügel?

Ich legte ihre Hände an meine Schultern und sagte: Hier sind sie!

Aber sie sind gebrochen! sagte meine Mutter.

Neun Monate nach dieser Unterhaltung verließ sie uns; ihre Worte «Sie sind gebrochen» fanden ein Echo in meiner Seele, und aus diesen Worten webte ich die Geschichte «Die gebrochenen Flügel».

Nein, May, ich gehörte nie zu den irdischen Vorfahren meiner Mutter. Sie war und bleibt für mich eine Mutter im Geiste. Ich spüre heute ihre Nähe und ihren Beistand mehr als vor ihrem Tod und in unvergleichbarer Weise. Und dieses Gefühl ist nicht unvereinbar mit anderen Beziehungen; es verkennt nicht die Bande, die mich mit meinen anderen Müttern und Schwestern im Geiste verbinden. Es gibt keinen Unterschied zwischen den Gefühlen einerseits für meine leibliche Mutter und andererseits für meine geistigen Mütter, außer jenem Unterschied, der zwischen deutlichen und verschwommenen Erinnerungen besteht.

Soviel über meine Mutter. Wenn wir uns einmal treffen werden, werde ich Ihnen viel mehr von ihr erzählen, und ich bin sicher, daß Sie sie lieben werden, denn sie liebt Sie auch. Die Geister, die dort oben schweben, lieben nämlich die schönen Geister in dieser irdischen Welt. Und Sie, May, sind ein schöner Geist, darum wundern Sie sich nicht, wenn ich sage, sie liebt Sie.

Das Gesicht meiner Mutter, das in der Zeitschrift «al-Funun» erscheint, ist ihr Gesicht im Zustand großer, seelischer Schmerzen. Auch das Gesicht auf der ersten Seite der «Twenty Drawings» ist ihr Gesicht. Es trägt den Titel «Zur Unendlichkeit», denn es zeigt sie in den letzten Minuten ihres irdischen Lebens und im ersten Augenblick ihres überirdischen Lebens.

Was die Familie meines Vaters betrifft, so kann ich da mit drei oder vier Priestern aufwarten, ebenso wie Sie sich der Mönche und Priester in der Ziadeh-Familie rühmen! Doch gebe ich gerne zu, daß Ihrer Familie das Privileg zukommt, Mönche in ihrem Stammbaum zu haben. Unser Stammbaum bringt keine solchen Früchte hervor. Jedoch haben wir in unserer Familie einen Khuruskuf [Priesterbischof], also einen Anderthalbpriester. Haben Sie auch so ein Spezimen in Ihrer Familie? Dieser sogenannte Khuruskuf, oder dieser gibranische Monseigneur betet zu Gott und fleht ihn an, mich in den Schoß der allgemeinen und apostolischen Kirche zurückzuführen, wie er den verlorenen Sohn zu seinem Vater zurückbrachte. Der Schoß der Kirche gleicht ja – wie Sie wissen – dem Schoß unseres Vaters Abraham – die Ruhe des Sünders betreffend und schließlich die Ruhe des Toten. Der arme Christ ist kaum dem einen entronnen, so fällt er schon dem anderen Schoß anheim. Dem Himmel sei Dank bin ich weder ein Sünder noch ein Toter! Doch ich hege große Sympathien – für Abraham im allgemeinen und für seinen Schoß im besonderen.

Vergessen Sie nicht, daß die Hälfte der Bevölkerung des Nordlibanon Priester und Mönche sind; die andere Hälfte sind die Nachkommen dieser Priester. Ist es in Ihrer Stadt – ich glaube, es ist Ghazir – nicht ebenso? In meiner Stadt jedenfalls, in Bcharré, wäre es ein schwieriges Unterfangen, die Priester und Mönche zu zählen.

Lassen Sie uns über mein Buch «Eine Träne und ein Lächeln» sprechen! Ich fürchte mich keineswegs davor. Dieses Buch erschien kurz vor Ausbruch des Kriegs [Erster Weltkrieg]. Am Tage des Erscheinens schickte ich Ihnen durch die Druckerei «al-Funun» ein Exemplar zu, doch ich erhielt von Ihnen kein einziges Wort über den Erhalt dieses Buches, und das betrübte mich und betrübt mich immer noch.

«Eine Träne und ein Lächeln» enthält Artikel, die zu den ersten gehören, die ich veröffentlichte. Es sind die unreifen Trauben meines Weinbergs. Ich schrieb sie lange vor dem Buch «Die Nymphen der Täler». Sie erschienen zunächst als Fortsetzungsserie in der Zeitschrift «al-Muhajir», vor etwa sechzehn Jahren. Nasib Arida sammelte sie und fügte der Sammlung noch zwei Artikel hinzu, die ich vor zwölf Jahren in Paris geschrieben hatte. Gott vergebe ihm! Ich schrieb und dichtete eine Unmenge in der Zeit zwischen Kindheit und Jugend, also vor «Eine Träne und ein Lächeln», doch ich beging nicht den Fehler, diese Hervorbringungen zu veröffentlichen. Und ich habe nicht vor, es zu tun.

Ich schicke Ihnen ein anderes Exemplar von «Eine Träne und ein Lächeln», und ich bitte Sie, mehr auf den innewohnenden Geist als auf die Form zu achten.

Ich gehöre zu den Bewunderern der Werke von Charles Guérin [französischer Dichter (1873–1907)]; dennoch fühle ich, daß die Schule, zu der er gehört, oder daß der Baum, dessen Zweig er ist, nicht in den himmlischen Wald gehört. Die französische Dichtung der letzten Hälfte des 19. Jh. und des frühen 20. Jh. bildet den Abschluß einer Epoche, statt der Beginn von etwas Neuem und Niedagewesenem zu sein.

Ich glaube, daß der Bildhauer Rodin, der Maler Carrière und der Komponist

Debussy neue Wege gingen und zu den großen Wegbereitern der Menschheit gehören. Aber Guérin und seine Weggefährten bewegten sich und bewegen sich immer noch auf Bahnen, die ihnen vorgezeichnet wurden durch das geistige Klima Europas vor dem Krieg. Obgleich sie die Schönheit des Lebens wahrnahmen, seine Leiden und seine Seligkeit, seine Erscheinungsformen und seine Geheimnisse, und ihnen Ausdruck verliehen, so gleichen sie doch dem Abendlicht und nicht dem Morgenrot einer neuen Epoche. Und meines Erachtens trifft auf die zeitgenössischen Schriftsteller und Dichter der arabischen Welt das gleiche zu; in einem noch kleineren Maßstab verkörpern sie die gleichen Ideen, die gleiche Situation und die gleiche Epoche.

Was die arabische Welt angeht, möchte ich Ihnen eine Frage stellen: «Warum lehren Sie nicht die Schriftsteller und Dichter Ägyptens, neue Wege zu beschreiten?» Sie allein sind dazu fähig. Was hält Sie davon ab? Sie May, sind eine der Töchter des neuen Morgens – warum wecken Sie nicht die Schlafenden? Eine begabte Frau hatte und hat den gleichen Wert wie tausend begabte Männer, und das wird immer so bleiben. Ich bin überzeugt, wenn Sie diese verlorenen, ratlosen und von der Trägheit befallenen Seelen einladen würden, so könnten Sie das Leben in ihnen wecken sowie den Wunsch und die Entschlossenheit, die Gipfel der Berge zu besteigen. Tun Sie dies, und seien Sie überzeugt, daß derjenige, der Öl in die Lampe gießt, sein Haus mit Licht füllt. – Und ist nicht die arabische Welt Ihr und mein Haus?

Sie bedauerten, daß Sie am Künstler-Bankett nicht teilnehmen konnten. Ihr Bedauern überrascht mich, ja, es setzt mich in Erstaunen. Erinnern Sie sich nicht daran, daß wir zusammen zu der Ausstellung gingen? Haben Sie vergessen, wie wir von Bild zu Bild schritten, wie wir durch den großen Saal gingen,

Die neugeborene Nackte – Ölgemälde

studierten, prüften und kritisierten und zu entdecken suchten, was sich hinter den Linien und Farben an Symbolen, Bedeutungen und Absichten verbarg? Haben Sie all das vergessen? Offenbar verrichtet das «transparente Element» in uns viele Dinge ohne unser Wissen und Wahrnehmen. Es schwebt flatternd auf der andere Seite der Erde, während wir in einem kleinen Zimmer sitzen und die Abendzeitung lesen. Es besucht Freunde in der Ferne, während wir uns mit unseren anwesenden Freunden unterhalten; es wandert durch verzauberte Wälder und Felder, die das menschliche Auge nicht sieht, während wir einer Dame, die uns von der Hochzeit ihrer Tochter erzählt, Tee anbieten. Wie merkwürdig und geheimnisvoll ist dieses «transparente Element», May, von dem uns die meisten Aktivitäten unbekannt sind! Ob wir es nun wahrnehmen oder nicht, es ist unsere Hoffnung und unser Ziel, unser Schicksal und unsere Vollkommenheit, es ist unser größeres, göttliches Selbst. Und wenn Sie Ihr Gedächtnis ein wenig bemühen, May, so werden Sie sich gewiß an unseren gemeinsamen Besuch in der Ausstellung erinnern, nicht wahr?

Mein Brief ist lang geworden. – Wenn man an einer Sache Freude hat, so sucht man den Zustand der Freude zu verlängern.

Ich begann unseren Dialog vor Mitternacht: Nun ist die Zeit vorgerückt auf einen Zeitpunkt zwischen Mitternacht und Morgendämmerung, und ich habe Ihnen bis jetzt noch kein Wort gesagt von dem, was ich Ihnen schreiben wollte, als ich meinen Brief begann. Die innere Wahrheit, dieses absolute Wesen, dieser in Wachen gehüllte Traum, drückt sich nur im Schweigen aus.

Ich hatte die Absicht, Ihnen tausendundeine Frage zu stellen, doch der Hahn kräht, und ich habe Sie noch nichts gefragt. Beispielsweise wollte ich von Ihnen wissen, ob die Anrede «Sidi» (mein Herr) unter Freunden einen Platz hat? Ich suchte in meinem Wörterbuch der Freundschaft nach diesem Wort und konnte es nicht finden, was mich irritierte. Ich glaubte, daß meine Ausgabe die Standardausgabe ist, aber vielleicht irre ich mich.

Dies ist eine unbedeutende Frage. Die wichtigen Fragen lasse ich für eine andere Gelegenheit – für eine andere Nacht, denn diese Nacht ist vorgerückt, und ich möchte Ihnen nicht im Schatten vorgerückter Nächte schreiben.

Ich hoffe, daß dieses neue Jahr Ihre Hände mit Sternen füllt.

Gott schütze Sie, May, und bewahre Sie.

Ihr treuer Freund
Gibran Khalil Gibran

PS.: Nachdem ich diesen Brief beendet hatte, öffnete ich das Fenster und sah die Stadt in einen weißen Mantel gehüllt; der Schnee fiel sanft und dicht, und ich stand ergriffen vor diesem erhabenen Anblick in seiner makellosen Reinheit. Meine Gedanken kehrten zurück in den Nordlibanon, in die Zeit meiner Kindheit, als ich aus dem Schnee Figuren formte, die dahinschmolzen, sobald die Sonne aufging.

Ich liebe den Schnee, ebenso wie ich die Stürme liebe. Ich werde jetzt hinausgehen und durch diesen weißen Schnee laufen, und ich werde nicht alleine sein.

Gibran

Meine Freundin May,

mein Schweigen der letzten Zeit ist nichts anderes als das Schweigen der Verwirrung; mehrfach saß ich in diesem Tal zwischen Verwirrung und Ratlosigkeit; ich wollte mit Dir sprechen, Dich tadeln, aber ich wußte nicht, was ich Dir sagen sollte. Ich hatte Dir nichts zu sagen, denn ich fühlte, daß Du keinen Weg für Worte offengelassen hattest. Ich hatte den Eindruck, daß Du jene geheimnisvollen Fäden trennen wolltest, die eine unsichtbare Hand gesponnen und zwischen zwei Gedanken und zwei Geistern ausgespannt hatte.

Einmal saß ich in diesem Raum und betrachtete lange Dein Gesicht, ohne ein Wort zu sagen; Du blicktest mich an, schütteltest Deinen Kopf und lächeltest das Lächeln von jemandem, der sich an der Verwirrung und Ratlosigkeit seines Gegenübers weidet.

Und was soll ich jetzt sagen, da Dein freundlicher Brief vor mir liegt? Dieser himmlische Brief hat meine Verwirrung in Verlegenheit verwandelt. Ich schäme mich meines Schweigens, ich schäme mich meines Schmerzes und meines Stolzes, der meinen Finger auf meine Lippen legte und mich schweigen ließ. Gestern noch hielt ich Dich für schuldig, und heute, nachdem ich Deine Großzügigkeit und Deine Zuneigung erfahren habe, die mich wie Engel umarmen, sehe ich mich als den Schuldigen.

Doch erlaube mir, meine Freundin, daß ich Dir die Gründe meines Schweigens und meines Schmerzes mitteile! Ich führe zwei Arten von Leben: Das eine verbringe ich damit, zu arbeiten, zu forschen und mit Leuten zu verkehren, um das verborgene Geheimnis in den Herzen der Menschen zu entdecken, das andere Leben verbringe ich an einem fernen und stillen Ort, der ehrfurchtgebietend und zauberhaft ist und der weder zeitlich noch räumlich begrenzt ist. Im letzten Jahr war es so: Immer wenn ich diesen fernen Ort aufsuchte, fühlte ich einen anderen Geist an meiner Seite, mit dem ich meine subtilsten Gedanken austauschte und meine tiefsten Gefühle teilte. Im Anfang führte ich das auf einfache Grundwahrheiten zurück, aber als zwei Monate vergangen waren, erkannte ich, daß sich dahinter ein Geheimnis verbarg, das tiefer ist als jene Grundwahrheiten und zarter und lauterer als die normalen Gegebenheiten. Merkwürdig war auch, wenn ich von den Reisen zu jenem Ort zurückkehrte, hatte ich das Gefühl, daß eine Hand – so sanft wie Nebel – mein Gesicht berührt hatte, und manchmal hörte ich eine zarte Stimme – wie das Atmen eines Kindes –, die in meinen Ohren vibrierte.

Einige behaupten, ich sei ein «Visionär». Ich weiß nicht, was sie damit sagen wollen. Ich weiß nur, daß ich nicht in dem Sinn ein Visionär bin, daß ich mich selbst belüge. Selbst wenn ich es täte, so würde meine Seele mir nicht glauben. Die Seele sieht im Leben nur das, was sie selber ist, May, und sie glaubt nur das, was sie selber erfahren hat. Und was sie erfahren hat, wird zu einem Zweig an ihrem Baum.

Im letzten Jahr hatte ich eine solche Erfahrung gemacht – es war eine Erfahrung und keine Einbildung. Ich erprobte sie mit meiner Seele und meinen Sinnen. Ich hatte die Absicht, diese Erfahrung als ein besonderes und persönliches Geheimnis zu verbergen. Doch ich verbarg sie nicht und enthüllte sie meiner Freundin. Ich verschwieg sie nicht, denn ich hatte damals das Bedürfnis, sie mitzuteilen. Und weißt Du, wie meine Freundin reagierte? Sie reagierte unverzüglich und sagte: «Das ist nichts anderes als ein lyrisches Gedicht!»

Es ist, als ob man einer Mutter, die ihr Kind trägt, sagen würde, daß sie «eine Holzpuppe» auf ihrer Schulter trüge. Was würde diese Mutter wohl antworten, und was würde sie fühlen?

Monate vergingen, aber die Worte «ein lyrisches Gedicht» hatten sich unauslöschbar in meiner Seele eingeprägt. Doch das genügte meiner Freundin nicht. Sie lag auf der Lauer, und ich konnte kein Wort sagen, ohne von ihr getadelt zu werden, sie verbarg sich vor meinen Blicken hinter einer Maske, und ich konnte meine Hand nicht ausstrecken, ohne daß sie sie mit einem Nagel stach.

So war ich verzweifelt. Und von allen Seelenzuständen ist keiner bitterer als die Verzweiflung. Nichts ist schwerer zu ertragen, als sich selbst eingestehen zu müssen: Du bist besiegt!

Die Verzweiflung, May, ist die Ebbe jeder Flut des Herzens. Die Verzweiflung ist ein stummes Gefühl, May. Deshalb saß ich in den vergangenen Monaten vor Deinem Bild und betrachtete lange Dein Gesicht, ohne ein Wort zu sagen. Deshalb schrieb ich nicht, obgleich ich an der Reihe war. Denn ich sagte mir insgeheim: Ich habe keine Rolle mehr zu spielen! Aber im Herzen jedes Winters regt sich der Frühling, und hinter dem Schleier jeder Nacht lächelt der Morgen. Und so wandelte sich meine Verzweiflung in Hoffnung.

Wie heilig war für mich die Stunde, als ich das Bild «Der Ewigkeit entgegen» malte! Wie lieblich und achtunggebietend ist eine Frau, die den Nacken einer anderen, meditierenden Frau küßt! Und wie herrlich ist das Licht, das aus dem Herzen strahlt, ja wie herrlich ist dieses Licht, May!

Was soll ich sagen von einem Mann, den Gott zwischen zwei Frauen gestellt hat: eine Frau, die aus seinen Träumen sein Wachen webt, und eine andere, die aus seinem Wachsein seine Träume webt? Und was soll ich sagen von einem Herzen, dem Gott einen Platz zwischen zwei Lampen zuteilte? Was soll ich von einem solchen Mann sagen? Ist er traurig? Ich weiß es nicht.

Doch ich weiß, daß seiner Traurigkeit keine Selbstsucht anhaftet. Ist er glücklich? Ich weiß es nicht. Aber ich weiß, daß seinem Glück keine Selbstsucht beigemischt ist. Ist er ein Fremder in dieser Welt? Ich weiß es nicht. Aber ich frage Dich, ob Du willst, daß er ein Fremder für Dich bleibt? Ist er ein Fremder, und gibt es niemanden auf dieser Welt, der seine Sprache verstehen kann? Ein Wort von der Sprache seiner Seele? Ich weiß es nicht. Aber ich frage Dich, ob Du nicht mit ihm in der Sprache sprechen willst, die Du besser beherrschst als andere?

Und Du? Bist Du nicht auch eine Fremde in dieser Welt? Ist Dir Deine Umgebung nicht fremd mit all ihren Zielen, Wünschen und Tendenzen? Sag mir, May, gibt es in dieser Welt viele, die die Sprache Deiner Seele verstehen? Wie oft bist Du jemandem begegnet, der Deinem Schweigen lauscht, der Dein Schweigen versteht und der mit Dir das Allerheiligste des Lebens betritt?

Du und ich, wir gehören zu denjenigen, denen Gott Freunde, Vertraute und Bewunderer geschenkt hat. Doch gibt es unter diesen eifrigen, aufrichtigen Freunden auch nur einen, zu dem einer von uns sagen könnte: Trag mir einen Tag lang mein Kreuz! Gibt es unter ihnen einen, der weiß, daß es hinter unseren Liedern ein Lied gibt, dessen Stimmen man nicht vernehmen kann, und daß es keine Saiten gibt, auf denen man es spielen könnte? Gibt es jemanden, der die Freude in unserem Kummer kennt und den Kummer in unserer Freude?

Du schreibst: «Du bist ein Künstler und ein Dichter, und es soll Dich glücklich und zufrieden machen, Künstler und Dichter zu sein.» Ich bin weder Dichter noch Künstler, May. Ich verbringe meine Tage und Nächte malend und schreibend, doch meine Seele ist nicht in meinen Tagen und Nächten. Ich bin ein Nebel, der die Dinge einhüllt und voneinander trennt, statt sie zu vereinen. Ich bin ein Nebel, der sich nicht in Regen verwandelt. Ich bin Nebel, und darin liegt meine Einsamkeit und meine Isolation, mein Hunger und mein Durst. Mein Unglück ist es, daß sich dieser Nebel nach der Begegnung mit einem anderen Nebel am Horizont sehnt. Er sehnt sich danach, jemanden sagen zu hören: Du bist nicht allein. Wir sind zu zweit, und ich weiß, wer du bist.

Sag mir, meine Freundin, gibt es in dieser Welt jemanden, der fähig und willens ist, mir zu sagen: Ich bin ein anderer Nebel. Komm, o Nebel, laß uns unsere Zelte nebeneinander aufschlagen, und laß uns miteinander auf den Bergen zelten! Laß uns über die Bäume ziehen und die hohen Felsen bedecken! Laß uns eindringen in die Poren und Herzen der Geschöpfe, und laß uns durch ferne, unbekannte Orte streifen! Sag mir, May, gibt es in Deiner Umgebung jemanden, der fähig und willens ist, mir ein einziges solcher Worte zu sagen?

Und Du willst, daß ich lächle und «vergebe».

Ich habe seit heute morgen viel gelächelt, und jetzt lächle ich in meinem Innern. Ich lächle lange. Und ich lächle, als sei ich nur für das Lächeln geschaffen. Aber das Wort «Vergebung» ist ein großes Wort, das verwundet und vernichtet. Es läßt mich beschämt und ehrfürchtig vor dem edlen Geist stehen, der sich so sehr demütigt, so daß ich meinen Kopf beuge und um Vergebung bitte. Ich bin der einzige Schuldige. Ich habe mich schuldig gemacht durch mein Schweigen und meine Verzweiflung, und so bitte ich Dich, mir zu verzeihen.

Mir wäre es lieber gewesen, unsere Unterhaltung mit einem Kommentar über das Buch «Bahithatu al-Badiya» [Pseudonym der ägyptischen Schriftstellerin

Malak H. Nassif (1886–1918), zugleich der Titel einer Biographie von May Zia-deh] einzuleiten, aber wir haben den privaten Angelegenheiten den Vorrang ge-geben, und in diesen Angelegenheiten gibt es eine Anziehungskraft, die uns von allgemeineren und erhabeneren Dingen ablenkt.

Ich habe noch kein Buch wie Bahithatu al-Badiya gelesen – sei es in arabi-scher oder anderer Sprache –. Ich habe in meinem Leben keine Bilder gesehen, die mit solchen Linien und Farben gemalt wurden. Nie sah ich bisher zwei Porträts in einem: das Porträt einer Schriftstellerin und Reformatorin, und gleichzeitig das Bild einer Frau, die größer ist als eine Schriftstellerin und eine Reformatorin. Nie sah ich zwei Gesichter in einem Spiegel: das Gesicht einer Frau, das zur Hälfte vom Schatten der Welt verhüllt wird, und ein anderes Frauenantlitz, das vom Sonnenlicht beleuchtet wird. Ich sagte, daß eine Ge-sichtshälfte vom Schatten der Welt verhüllt wird, denn ich spüre seit langem – und spüre es immer noch, daß sich Bahithatu al-Badiya nicht von ihrem kon-kreten Umfeld lösen konnte und sich den sozialen und nationalen Einflüssen ihrer Umwelt nicht entziehen konnte, bis der Tod diese Fesseln löste. Und das zweite Gesicht, das vom Licht der Sonne angestrahlt wird, das libanesische Ge-sicht sozusagen, ist meiner Überzeugung nach das Gesicht der ersten orientali-schen Frau, die emporstieg, bis sie den ätherischen Tempel erreichte, wo sich alle Geister von ihren Körpern befreien, die aus Staub, Tradition und Gewohn-heit geformt sind, sowie aus der Kraft der Beharrung. Es ist das Gesicht der er-sten orientalischen Frau, welche die Einheit alles Seienden erkennt – mit allem, was sich darin befindet an Verborgenem und Sichtbaren, an Bekanntem und Unbekanntem. Und wenn die Zeit morgen alles, was Schriftsteller schrieben und Dichter dichteten, in den Abgrund des Vergessens geworfen haben wird, dann wird das Buch Bahithatu al-Badiya ein Gegenstand der Bewunderung bleiben für Forscher und Denker und für diejenigen, die wach geblieben sind. Du, May, bist eine Stimme, die in der Wüste ruft. Du bist eine göttliche Stimme, und die göttlichen Stimmen verbleiben im Äther bis zum Ende der Zeiten.

Und nun muß ich all Deine interessierten Fragen beantworten, die Du mir gestellt hast, und ich darf keine auslassen: Da ist zunächst die Frage nach meinem Befinden. Ich habe in der letzten Zeit nicht viel darüber nachgedacht, wie es mir geht. Doch ich nehme an, daß es mir gut geht – abgesehen von dem, was mein tägliches Leben bedrängt an allerlei störenden Spiralen und Rädern von unterschiedlichen Formen und Größen.

Du willst wissen, was ich zur Zeit schreibe. In der Zeit vom Abend bis zum anderen Morgen schreibe ich eine oder zwei Zeilen. «Vom Abend zum anderen Morgen», weil ich tagsüber – beim Licht der Sonne – an meinen großen Ölgemälden arbeite, die ich bis zum Ende des Winters fertigstellen muß. Und wenn es diese Bilder nicht gäbe und nicht den Vertrag, der mich an einen festen Termin bindet, so hätte ich diesen Winter zwischen Paris und dem Orient verbracht.

Ob ich viel arbeite, fragst Du mich. Ich arbeite immer. Ich arbeite sogar, wenn ich schlafe. In meiner Arbeit bin ich felsenhart. Aber meine wirkliche Arbeit besteht weder im Schreiben noch im Malen. In meinem Innern, May, gibt es eine andere Aktion, die nichts zu tun hat mit Worten, Linien und Farben. Die Arbeit, für die ich geboren wurde, bedarf keines Schreibgeräts und keines Pinsels.

Du erkundigst Dich nach dem Anzug, den ich trage. Ich habe die Gewohnheit, zwei Anzüge gleichzeitig zu tragen, nämlich einen Anzug aus einem Stoff, der gewebt, geschnitten und genäht ist, und einen anderen aus Fleisch, Blut und Knochen. Heute trage ich ein langes, weites Gewand, auf dem es Spuren von

Tinte und Farben gibt; kurz, es gleicht dem Gewand eines Derwischs. Den An-zug aus Fleisch, Blut und Knochen habe ich im Nebenzimmer abgelegt, denn ich ziehe vor, daß er weit entfernt ist, wenn ich mich mit Dir unterhalte.

Du willst wissen, wie viele Zigaretten ich heute geraucht habe. Heute war mein Rauchertag, May. Seit heute morgen habe ich mehr als zwanzig Zigaretten angezündet. Rauchen bedeutet für mich ein Vergnügen und ist keine zwingende Gewohnheit. Manchmal vergeht eine Woche, ohne daß ich eine einzige Ziga-rette rauche. Doch heute habe ich über zwanzig Zigaretten geraucht. Und das ist Deine Schuld! Wenn ich alleine wäre in diesem Tal, würde ich nicht rauchen. Aber ich möchte nicht alleine sein.

Was mein Haus betrifft, so ist es immer noch ohne Dach und ohne Wände; wer von uns möchte schon ein Gefangener seines Hauses sein? Die Sand- und Äthermeere sind immer noch so, wie sie früher waren – tief, wellenreich und ohne Küsten. Und das Schiff, mit dem ich diese Meere befahre, bewegt sich nur langsam. Wer ist fähig und willens, mein Schiff mit einem zweiten Segel aus-zurüsten? Wüßte ich doch, wer das kann, und wer das will!

Was das Buch «Zu Gott» angeht, so sind meine Vorstellungen noch ver-schwommen und vage. Die besten Bilder sind Linien in der Luft und auf dem Gesicht des Mondes. Das Buch «Der Einsame» ist vor drei Wochen unter dem Titel «Der Vorbote» erschienen. Ich habe Dir ein Exemplar davon geschickt. Mit gleicher Post sandte ich Dir ein Exemplar von «Die Stürme». Das dritte Buch dieser Sendung «Eine Träne und ein Lächeln» enthält die unreifen Trauben meines Weinbergs. Dieses Mal fügte ich nicht den Sommerkatalog der Ver-öffentlichungen meines Verlegers bei, da ich im Sommer auf dem Lande war – und außerdem noch aus einem anderen Grund.

Und die Bilder, die Töpferwaren, das Glas, die alten Bücher, die Musikinstrumente sowie die ägyptischen, griechischen und gotischen Skulpturen in meiner Wohnung, sie alle sind – wie Du ja weißt – Manifestationen des Geistes, der ewig ist. Sie sind verstreute Wörter aus dem Buch Gottes. Wie oft saß ich davor und dachte nach über die Sehnsucht, die sie in mir hervorrufen! Wie oft habe ich sie betrachtet, bis sie sich vor meinen Blicken auflösten und an ihre Stelle die Geister jener Epochen traten, die sie aus der unsichtbaren Welt in die sichtbare übertrugen. Meiner Sammlung fehlt noch eine chaldäische Statue aus schwarzem Stein. Im letzten Frühling schrieb mir ein Freund, der mit einer britischen Expedition im Irak ist: «Wenn ich so etwas finde, gehört es Dir.»

Nun habe ich all Deine Fragen beantwortet, ohne eine auszulassen. Ich habe das Ende dieser Seite erreicht, bevor ich auch nur ein Wort von dem geschrieben habe, was ich Dir zu sagen beabsichtigte, als ich die erste Seite zu schreiben begann. Der Nebel hat sich nicht in Regentropfen verwandelt, und jenes beflügelte, unruhige Schweigen hat sich nicht in Worten ausgedrückt. Willst Du nicht Deine Hände mit diesem Nebel füllen, May? Willst Du nicht Deine Augen schließen und dem beredten Schweigen lauschen? Und willst Du nicht wieder einmal herüberkommen, in dieses Tal, wo sich die Einsamkeit wie eine Herde bewegt, wie eine Vogelschar flattert, wie ein Bach plätschert und sich hoch erhebt wie eine Eiche? Willst Du nicht wieder einmal hier vorbeikommen, May?

Gott beschütze und bewahre Dich

Gibran

Harmonie auf dem Gipfel – Aquarell

May,

wir haben einen hohen Gipfel erreicht, und vor uns liegen Ebenen, Wälder und Täler. Setzen wir uns also eine Weile hin, und unterhalten wir uns ein bißchen! Wir können nicht lange hier verweilen, denn ich sehe in der Ferne einen noch höheren Gipfel, den wir vor Sonnenuntergang erreichen sollten. Aber wir werden diesen Platz erst verlassen, wenn Du sorgenlos und glücklich bist; und wir werden keinen Schritt weitergehen, solange Dein Seelenfrieden getrübt ist.

Schon haben wir ein großes Hindernis aus dem Weg geräumt – was nicht ganz ohne Verwirrung geschah. Ich gebe zu, daß ich dabei ziemlich unnachgiebig und hartnäckig war, aber meine Unnachgiebigkeit geschah um des vorauszusehenden Resultats willen. Ich gestehe auch, daß ich nicht immer weise gehandelt habe – aber gibt es nicht im Leben Bereiche, welche die Finger der Weisheit nicht erreichen? Gibt es nicht in unserem Innern etwas, was die Weisheit zu Stein werden läßt? Wenn meine gegenwärtigen Erfahrungen in irgendeiner Weise mit den Erfahrungen meiner Vergangenheit übereingestimmt hätten, so hätte ich darüber nicht gesprochen, May, aber sie waren alle neu und fremd für mich, und sie erreichten mich plötzlich und unvorbereitet. Und wenn ich in Kairo gewesen wäre und mit Dir spontan und gelassen darüber geredet hätte, so hätte es gewiß keine Mißverständnisse zwischen uns gegeben. Aber ich war zu der Zeit nicht in Kairo, und es gab keine andere Kommunikation mit Dir als durch unsere Korrespondenz. Doch zu diesem Thema Briefe zu schreiben, bedeutet, über die einfachsten Dinge einen Mantel der Komplexität zu werfen und das Gesicht mit einem Schleier von Förmlichkeit zu verhüllen. Wie oft drücken wir schreibend einen einfachen Gedanken in gestelzten Worten aus, die unsere Feder sich angewöhnt hat, zu Papier zu bringen, und das Ergebnis davon ist ein «Prosagedicht» oder ein fantasievolles «Essay». Wir fühlen und denken nämlich in einer Sprache, die ehrlicher und aufrichtiger ist als die Sprache, in der wir schreiben. Natürlich lieben wir Gedichte – egal ob in Prosa oder in Versform –, und wir lieben Essays – mögen sie imaginär oder nicht imaginär sein –. Aber ein lebendiges, freies Gefühl ist eine Sache und Erklärungen in Briefen sind eine andere Sache. Seit meiner Schulzeit vermeide ich es nach Möglichkeit, mich gängiger und banaler Ausdrücke zu bedienen, denn ich fühlte und fühle immer noch, daß sie Gedanken und Gefühle eher verhüllen, statt sie zu enthüllen. Aber es hat den Anschein, daß ich mich bis jetzt noch nicht befreit habe von dem, was ich verabscheue, und daß ich in den letzten eineinhalb Jahren immer noch da war, wo ich bereits mit fünfzehn Jahren war. Der Beweis dafür ist das Mißverständnis, das meine Briefe verursacht haben.

Ich wiederhole noch einmal, wenn ich in Kairo gewesen wäre, hätten wir uns die Zeit genommen, um über unsere persönlichen Erfahrungen nachzudenken. Wir hätten vor dem Meer, vor den Sternen oder vor einem blühenden Baum verweilt. Wir hätten erkannt, daß unsere noch so erstaunlichen Erfahrungen nicht erstaunlicher sind als das Meer, die Sterne oder ein blühender Baum. Es ist merkwürdig, daß wir uns den Wundern der Erde und des Raumes fügen und gleichzeitig den Wundern unseres Geistes keinen Glauben schenken.

Ich dachte und denke immer noch, May, daß sich einige dieser Erfahrungen nur machen lassen, wenn sie zwei Menschen zur gleichen Zeit teilen. Und vielleicht war diese Meinung der Hauptgrund dafür, daß Du Dir nach der Lektüre einiger meiner Briefe sagtest: «Wir müssen unsere Korrespondenz hier abbrechen.» Gott sei Dank haben wir es nicht getan! Das Leben hört nicht einfach auf an einem bestimmten Ort, May, und dieser großartige Lebensreigen mit all seiner Schönheit muß ununterbrochen weiterziehen von einer Ewigkeit zur anderen. Und wir beide, May, die wir das Leben heiligen und mit all unseren Kräften danach streben, was recht, segensreich, schön und edel ist, wir, die wir hungern und dürsten nach dem Bleibenden und Ewigen im Leben, wir wollen weder sagen noch tun, was die Angst hervorbringt, was die Seele mit Dornen und den Geist mit Bitterkeit erfüllt. Wir dürfen und wollen die Seiten des Altars nur mit Händen berühren, die das Feuer gereinigt hat. Und wenn wir etwas lieben, May, so halten wir die Liebe für ein Ziel in sich und nicht für ein Mittel, das wir einsetzen, um etwas anderes zu erreichen. Und wenn wir dem Göttlichen Ehrerbietung und Gehorsam erweisen, so tun wir dies, weil wir uns in der Ehrerbietung über uns selbst erheben und den Gehorsam als eine Belohnung erachten. Und wenn wir uns nach etwas sehnen, so ist die Sehnsucht selbst für uns eine Gabe und eine Gnade. Und wir wissen, daß die am meisten entfernten Dinge zugleich die natürlichsten, moralischsten und würdigsten unserer Neigungen sind.

Wir beide – Du und ich – wir können nicht vor dem Angesicht der Sonne stehen und sagen: Wir müssen unserer Seele Qualen ersparen! Wir können sie gut entbehren! Nein, May, wir können nicht auf das verzichten, was die Seele wie ein heiliger Sauerteig durchsetzt. Wir können nicht auf die Karawane verzichten, die mit uns in die Stadt Gottes einzieht. Wir können nicht auf das verzichten, was uns unserem größeren Ich näherbringt und uns zeigt, was es in unseren Seelen an Kräften, Geheimnissen und Wundern gibt. Und wir können in den kleinsten und geringsten Manifestationen des Geistes eine tiefe Beglückung finden, denn in einer einzigen Blume entdecken wir alle Schönheit und Pracht des Frühlings, und in den Augen eines Säuglings an der Mutterbrust entdecken wir alle Hoffnungen und Wünsche der Menschheit. Aber wir sind nicht willens, die Dinge, die uns am nächsten liegen, zu nutzen, um dadurch zu erreichen, was in der Ferne liegt. Ebenso können und wollen wir nicht vor dem Leben stehen und Bedingungen stellen, indem wir sagen: «Gib uns das, was wir wünschen, oder gib uns nichts!»

Entweder das oder gar nichts! Nein, May, wir tun das nicht, denn wir wissen, daß das, was in unserem Leben gut, segensreich und beständig ist, sich nicht nach unseren Wünschen richtet, vielmehr haben wir uns nach seinen Wünschen zu richten. Welche Freude könnte es uns machen, eins der Geheimnisse unseres Herzens jemandem zu enthüllen, von dem uns siebentausend Meilen trennen, wenn nicht die Freude darin besteht, das Geheimnis mitzuteilen? Und was könnte uns motivieren, vor den Toren des Tempels zu stehen, als die Ehre, dort zu stehen? Was wünscht sich ein Vogel, wenn er singt, oder der Weihrauch, wenn er brennt? Gibt es in den einsamen Seelen nur ein begrenztes Streben?

Wie reizend sind Deine Glückwünsche zu meinem Geburtstag! Und wie köstlich ist ihr Wohlgeruch! Laß mich Dir eine kleine Geschichte erzählen, May, und Du kannst ein wenig auf meine Kosten lachen. Nasib Arida wollte die Artikel von «Eine Träne und ein Lächeln» in einem Buch vereinen und veröffentlichen – das war vor dem Krieg –, diese Sammlung sollte durch den Text «Mein Geburtstag» ergänzt werden, und diesem Titel wollte er das Datum meines Geburtstags hinzufügen. Ich war in der Zeit nicht in New York, und so begann er zu forschen, um mein Geburtsdatum herauszubekommen – und Nasib Arida ist ein unermüdlicher Forscher. Schließlich machte er dieses weit zurückliegende Datum ausfindig; doch er übersetzte die englische Version «6th January» mit 6. «kanun al-awal» ins Arabische, was den 6. Dezember ergibt. Auf diese Weise subtrahierte er ein Jahr von meinen Lebensjahren und verschob meinen Geburtstag um einen Monat. Seit Erscheinen des Buches «Eine Träne und ein Lächeln» bis zum heutigen Tag feiere ich in jedem Jahr zwei Geburtstage. Der erste resultiert aus einem Übersetzungsfehler, und was den zweiten betrifft, so weiß ich nicht, welcher Fehler in der ätherischen Welt ihn verursachte!

Und was das Jahr betrifft, das man mir geraubt hat, so weiß Gott – und Du weißt es auch –, daß ich es teuer erkauft habe. Ich zahlte den Preis mit meinem Herzblut. Ich zahlte dafür siebzig Goldtalente stummer Schmerzen und Sehnsucht nach dem Unbekannten. Wie kann ich also einen Fehler akzeptieren, der mir ein Jahr meines Lebens raubt?

Ich bin weit entfernt von dem «Tal», May. Ich kam vor zehn Tagen in diese Stadt – Boston –, um zu malen. Und wenn mir nicht ein Päckchen mit meiner an die New Yorker Adresse gerichteten Post nachgeschickt worden wäre, hätte ich zehn weitere Tage ohne Deinen Brief leben müssen! Dieser Brief löste tausend Knoten in meiner Seele und verwandelte die Wüste des Wartens in blühende Gärten. Die Stunden des Wartens sind die Hufe der Zeit, May, und ich befinde mich immer im Zustand des Wartens. Manchmal scheint es mir, daß ich mein ganzes Leben damit zubringe zu warten. Ich warte auf Ereignisse, die noch nicht eingetreten sind, und so gleiche ich dem Blinden und dem Lahmen, die in Jerusalem am Teich Bethesda liegen, «denn ein Engel des Herrn stieg zuweilen hernieder und bewegte das Wasser des Sees, und wer danach als erster ins Wasser stieg, wurde geheilt von jeglicher Krankheit, die ihn heimgesucht hatte».

Nun da mein Engel meinen Teich bewegt hat und ich jemanden fand, der mich ins Wasser stößt, nun wandere ich an diesem zauberhaften Ort mit strahlenden Augen und entschlossenen Schritten. Ich gehe an der Seite einer schemenhaften Gestalt, die schöner und heller ist als die Wirklichkeit aller Menschen; in meiner Hand halte ich eine seidenweiche Hand, die dennoch stark und kraftvoll ist; ihre Finger sind zart, doch sie sind imstande, Gewichte zu heben und Fesseln zu lösen. Von Zeit zu Zeit blicke ich sie an; dann sehe ich zwei leuchtende Augen und Lippen, auf denen ein Lächeln liegt, dessen Süße schmerzt.

Ich sagte Dir einmal, daß sich mein Leben in zwei Teile aufteilen läßt. Das eine Leben verbringe ich mit Arbeit und dem Zusammensein mit Menschen. Das andere ist in Nebel eingehüllt. Doch das war gestern. Heute ist mein Leben eins: Ich arbeite im Nebel, ich begegne den Menschen im Nebel, ja, ich schlafe, träume und erwache im Nebel. Es ist ein Rausch umgeben vom Flattern der Flügel. Die Einsamkeit ist in diesem Zustand keine Einsamkeit mehr, und die Sehnsucht nach dem Unbekannten ist süßer als alles, was ich im Leben erfahren habe. Es ist eine göttliche Ekstase, May, die das Entfernte näher rückt, das Verborgene enthüllt und alles in Licht eintaucht. Ich weiß nun, daß das Leben ohne diese Ekstase nichts anderes ist als die Spreu ohne Korn. Ich stelle fest, daß alles, was wir denken, sagen und tun, nichts bedeutet im Vergleich zu einem einzigen Augenblick, den wir in diesem Nebel verbringen.

Du möchtest die Worte «lyrische Hymne» in mein Herz eingravieren. Du willst Dich rächen an diesem unsichtbaren Sein, das mich trägt und das ich trage. Schreibe sie ein in mein Herz, schreibe sie ein! Und laß uns alle lyrischen Hymnen, die im Äther schlummern, einladen! Rufen wir sie auf, sich über dieses weite Land zu verstreuen, auf daß sie Kanäle ziehen, Straßen verlegen, Schlösser, Türme und Tempel bauen und die Wildnis in Gärten und Weinberge verwandeln, denn ein großes Volk hat es sich zum Vaterland erwählt. Du, May, bist eine mächtige Nation von Eroberern und gleichzeitig bist Du ein kleines siebenjähriges Mädchen, das im Sonnenlicht lacht, hinter den Schmetterlingen herläuft, Blumen pflückt und über Bäche springt. Und für mich gibt es im Leben nichts Schöneres und Beglückenderes, als hinter dieser süßen Kleinen herzulaufen, sie zu fangen, sie auf meiner Schulter nach Hause zu tragen und ihr dort wunderbare und seltsame Geschichten zu erzählen, bis der Schlummer ihre Augenlider berührt und sie in einen ruhigen himmlischen Schlaf fällt.

Gibran

Meine Freundin May,

«Mit viel Zuneigung – und noch einmal mit viel Zuneigung» diese einfache Wahrheit wurde mir kürzlich bewußt, und sie öffnete meinem Geist neue Fenster und Türen. Als ich feststellte, was geschehen war, sah ich mich vor Visionen, von denen ich nicht zu träumen gewagt hätte, daß sie in dieser Welt existieren.

«Mit viel Zuneigung – und noch einmal mit viel Zuneigung» – und dieses Wort «viel» und das Wort «Zuneigung» sie lehrten mich, mit Freude und Sehnsucht zu beten und in mein Schicksal einzuwilligen, ohne mich gedemütigt zu fühlen. Ich habe erfahren, daß der einsame Mann seine Einsamkeit erhellen kann mit dem Licht, das von dem Wort «viel» ausgeht, und daß die Mühen der Arbeit entlohnt werden durch die Süßigkeit des Wortes «Zuneigung». Ich habe erfahren, daß der einsame Fremde imstande ist, Vater, Bruder, Begleiter und Freund zu sein – und vor allem, daß er ein Kind ist, das sich des Lebens freut. «Mit viel Zuneigung» – diese Worte «viel» und «Zuneigung» – sind wie zwei Flügel, die sich ausbreiten, und wie zwei Hände, die segnen.

Mein Gesundheitszustand ist heute besser als vor einem Monat, wenn ich auch immer noch krank bin. Diesem schwachen Körper fehlt es immer noch an Gleichmaß, Gleichgewicht und Rhythmus. Du willst, daß ich Dir sage, worunter ich leide. Hier ist ein Auszug von dem, was die Doktoren sagen:

NERVÖSE DEPRESSION DURCH ÜBERARBEITUNG UND MANGELHAFTE ERNÄHRUNG VERURSACHT. STÖRUNG DES ALLGEMEINEN WOHLBEFINDENS, ERHÖHTER HERZSCHLAG ALS NEBENEFFEKT. PULSSCHLAG 115 PRO MINUTE. NORMAL 80.

Ach, May, in den vergangenen zwei Jahren habe ich meinem Körper zu viel zugemutet. Ich malte, solange das Tageslicht andauerte, und ich schrieb bis zum anderen Morgen; ich hielt Vorträge und verkehrte mit allen Kategorien von Menschen – und diese letzte Beschäftigung ist die schwierigste, die es unter dem Licht der Sonne gibt. Wenn ich bei einem Mahl zu Tische saß, so widmete ich mich ganz der Unterhaltung mit denen, die gerne reden, bis schließlich der Kaffee serviert wurde, dem ich reichlich zusprach, da er mir Essen und Trinken ersetzte. Wie oft kehrte ich nach Mitternacht nach Hause zurück, und statt mich dem Rhythmus des Schöpfers in unseren Körpern zu unterwerfen, weckte ich meine Geister mit einer kalten Dusche und starkem Kaffee, und ich verbrachte den Rest der Nacht – wie besessen – mit Schreiben und Malen. Und wenn ich die Statur meiner Landsleute hätte, der Bewohner des Nordlibanon, so hätte die Krankheit nicht so schnell von mir Besitz ergriffen. Diese Bewohner des Nordlibanon sind nämlich groß und stark, und ich bin das Gegenteil von ihnen; ich habe nichts von ihren physischen Vorzügen geerbt. Ich habe dem Bericht über meine Krankheit viel Platz eingeräumt. Ich hätte vorgezogen, nicht darüber zu sprechen – aber was soll ich tun –, muß ich doch all Deine Fragen ausnahmslos beantworten, Deine Fragen, die soviel liebevolle Sorge und gute Wünsche enthalten.

Wo ist der lange Brief, der mit einem Bleistift auf einfaches, kariertes Papier geschrieben wurde und der in einem schönen Garten mit Blick auf den Nil und eine Reihe von Hausbooten entworfen wurde? Wo ist mein Brief, May? Warum hast Du ihn mir nicht geschickt? Ich möchte ihn haben, den gesamten Brief, jeden Schnipsel von ihm. Kannst Du ermessen, wie begierig ich bin, diesen Brief zu bekommen, nachdem ich ein kleines Fragment davon gelesen habe, jenen himmlischen kleinen Auszug, der die Morgenröte eines neuen Tages ankündigt. Gäbe es nicht diese Hemmung, die Worte «närrisch» und «verrückt» zu benutzen, so hätte ich Dir noch gestern ein Telegramm geschickt mit der dringenden Bitte, mir diesen Brief zu schicken.

Kannst Du in mir ein wenig Güte und Gefälligkeit entdecken, May, und bedarfst Du ihrer? Die Süße deiner Worte verwundet mich, was soll ich Dir darauf antworten? Wenn es in mir etwas gibt, meine Freundin, dessen Du bedarfst, so ist es Dein. Die Güte ist keine Tugend in sich. Ihr Gegenteil ist die Unwissenheit. Kann aber die Unwissenheit da wohnen, wo es «viel Zuneigung» gibt?

Wenn die Güte darin besteht, das Schöne zu lieben, das Edle zu ehren und sich nach dem Fernen und Verborgenen zu sehnen – wenn Güte all dies bedeutet, dann gehöre ich zu den Menschen, die gütig sind. Wenn sie aber aus anderen Dingen als diesen besteht, so weiß ich nicht, was oder wer ich bin. Ich fühle immer mehr, May, daß die ideale Frau die Güte in der Seele des Mannes postulieren sollte, selbst wenn er unwissend ist.

Wie schön wäre es, wenn ich jetzt in Ägypten wäre! Wie schön wäre es, wenn ich in meinem Land wäre, bei den Menschen, die meine Seele liebt! Weißt Du, May, daß ich mir täglich vorstelle, in einem Haus zu sein, das sich in einem der Vororte einer orientalischen Stadt befindet; ich stelle mir vor, wie meine Freundin vor mir sitzt und mir einen ihrer letzten Artikel vorliest, der noch nicht erschienen ist, und wir unterhalten uns lange über seinen Inhalt, bis wir einverstanden sind, daß dies der beste Artikel ist, den sie bis jetzt geschrieben hat. Und dann hole ich unter den Kissen meines Bettes einige Papiere hervor, und ich lese ihr einen Abschnitt vor von dem, was ich in der letzten Nacht geschrieben habe, und meine Freundin findet es recht gut, wenn sie sich auch insgeheim sagen würde: In diesem Zustand sollte er nicht schreiben.

Die Struktur dieses Stückes zeigt einige Schwächen und Ungenauigkeiten – bevor er wieder ganz gesund ist, sollte er sich auf keine intellektuelle Arbeit einlassen. Meine Freundin würde das zu sich selbst sagen, aber ich würde diese Worte in meinem Innern vernehmen, und ich wäre zum Teil davon überzeugt. Dann würde ich mit lauter Stimme sagen: Laß mir ein wenig Zeit, eine oder zwei Wochen, und ich werde Dir ein schönes, ja ein wunderschönes Stück vorlesen. Darauf würdest Du unmißverständlich antworten: Du mußt jetzt ein oder zwei Jahre auf das Schreiben und Malen verzichten und auf jede andere Tätigkeit, und wenn Du es nicht tust, werde ich sehr verärgert sein. Und meine Freundin spricht das Wort «verärgert» mit einem absolut despotischen Ton aus, der keinen Widerspruch duldet. Dann lächelt sie wie ein Engel, so daß ich einen Augenblick ratlos verweile zwischen ihrem Zürnen und ihrem Lächeln; dann freue ich mich über ihr Zürnen und Lächeln, und ich freue mich sogar über meine Ratlosigkeit.

Und da wir gerade vom Schreiben sprechen, kannst Du ermessen, wie froh, glücklich ich war und wie stolz auf alles, was von Dir in den letzten Monaten an Artikeln und Kurzgeschichten erschienen ist? Ich las kein einziges Stück von Dir, ohne daß sich mein Herz nicht vor Freude weitete. Und bei der zweiten Lektüre verwandelten sich alle Aussagen allgemeiner Art in ganz persönliche

Freude und Leid

Aussagen, und ich sehe in den Ideen, Formen und Strukturen, was kein anderer außer mir darin entdecken kann; und ich lese zwischen den Zeilen – Zeilen, die für niemand anderen geschrieben wurden als für mich. May, Du bist ein Schatz unter den Schätzen des Lebens – nein, Du bist mehr als das – Du bist Du. Und ich danke Gott, daß Du der gleichen Nation angehörst wie ich und daß Du in einer Zeit lebst, in der auch ich lebe. Jedesmal, wenn ich mir vorstelle, daß Du im letzten Jahrhundert gelebt hättest oder im kommenden Jahrhundert leben würdest, fuchtele ich mit meiner Hand in der Luft wie jemand, der eine Rauchwolke vor seinem Gesicht mit dieser Handbewegung vertreiben will.

In zwei oder drei Wochen werde ich aufs Land fahren, wo ich in einem kleinen Haus wohnen werde, das wie ein Traum zwischen Meer und Wald liegt. Und wie schön ist dieser Wald! Wie überreich an Vögeln, Blumen und Quellen ist er! Vor einigen Jahren wanderte ich einsam und alleine durch diesen Wald. Und abends ging ich an die See und saß trübsinnig auf dem Felsen, oder ich warf mich in die Wellen, wie jemand, der vor der Welt und ihren Phantomen fliehen wollte. Doch in diesem Sommer werde ich in den Wald gehen und vor der See sitzen, und in meinem Geist wird es etwas geben, was mich meine Einsamkeit vergessen läßt, und in meinem Herzen etwas, das mich von meinem Kummer ablenken wird.

Sag mir, May, was Du in diesem Sommer machen willst? Gehst Du an die Sandstrände von Alexandrien, oder fährst Du in den Libanon? Wirst Du alleine in unseren Libanon fahren? Und wann werde ich endlich in den Libanon zurückkehren? Kannst Du mir sagen, wann ich mich befreien werde von diesem Land und von den goldenen Ketten, die meine Wünsche und angestrebten Ziele mir um den Hals legten.

Erinnerst Du Dich, May, einmal erzähltest Du mir, daß ein Journalist aus Buenos Aires Dir schrieb und Dich um ein Foto bat sowie um einen Deiner Artikel? Ich dachte viele Male an die Bitte dieses Journalisten – die Bitte aller Journalisten. Jedesmal dachte ich mit Bedauern: Leider bin ich kein Journalist. So ist es mir verwehrt, um das zu bitten, worum Journalisten bitten. Wäre ich der Besitzer einer Zeitschrift oder der Herausgeber einer Zeitung, so könnte ich Dich anstandslos um Dein Foto bitten. All das sagte ich mir und sage es mir immer noch. Ob diejenigen, die mein Herz als Heimat erwählt haben, diese Worte vernehmen?

Es ist Mitternacht, und bis jetzt habe ich immer noch nicht die Worte zu Papier gebracht, die meine Lippen formen – manchmal nur flüsternd und manchmal mit lauter Stimme. Ich lege dieses Wort ins Herz der Stille, denn die Stille bewahrt alles, was wir ihr anvertrauen, mit Wohlwollen, Eifer und Glauben. Die Stille trägt unsere Gebete dahin, wo wir sie haben möchten, oder sie läßt sie zu Gott gelangen.

Ich gehe nun zu Bett, und ich werde diese Nacht lange schlafen. Und in meinen Träumen werde ich Dir sagen, was ich nicht zu Papier gebracht habe. Gute Nacht, May! Möge Gott Dich beschützen!

Gibran

May, meine Freundin,

wie schön ist das Foto! Und wie hübsch ist das Mädlein auf dem Foto! Wie deutlich sind die Zeichen der Intelligenz in ihren Augen, und nicht zu übersehen ist die seelische Reife in ihren Blicken! In meinem Leben sah ich kein solches Kindergesicht! Hätte ich es im Jahre 1904 eingehend betrachtet, so hätte ich bestimmt gesagt: Hinter dieser Stirn verbirgt sich eine ungewöhnliche Kraft und hinter diesem Mund ein Lied, das die Nächte singen werden.

Wie schön ist dieses Foto, May, und wie glücklich bin ich, es zu besitzen! Warum konnte ich es nicht früher erhalten? Warum hast Du es mir bis jetzt vorenthalten? Und warum bekomme ich keine anderen Fotos? Ist die Tatsache, nicht zu erhalten, was ich mir wünsche, eine Laune des Schicksals, eine unerklärliche Gerechtigkeit oder ein Gesetz? Meine Augen hungern nach Fotos wie diesem. Wann werden meine Augen gesättigt werden?

Ich sage Dir noch einmal, daß ich mich über dieses Foto sehr freue, und ich hoffe, ein anderes Foto neueren Datums von Dir zu erhalten.

Der ernste Junge hat mir wunderbare Geschichten über mein kleines Mädchen erzählt, und die hübschen Pflanzen kommentierten mir in ihrer anmutigen Sprache einige nichtssagende Ausdrücke und nebelhafte Sätze. Dank

---

* Dieser Brief von Gibran an May trägt kein Datum, aber Gibran schrieb ihn wahrscheinlich im Juni des Jahres 1921, denn das Schreiben erwähnt den Erhalt eines Fotos von May, um das er sie in seinem Brief vom 21. Mai 1921 gebeten hatte.

sei dem freigebigen Jungen und den zarten Pflanzen für das, was ich von beiden erfuhr.

… Aber das Delikt, das uns Deiner besonderen Aufmerksamkeit würdig machte, ist unsere Bitte, den auf lokalem Karopapier geschriebenen Brief zu erhalten. Es macht nichts, wenn man uns deswegen schilt, wir bleiben geduldig und stolz wie Hiob … Doch die Dame sollte wissen, wenn ein solcher Brief sich in unserem Besitz befände und sie den Wunsch äußern würde, diesen Brief zu erhalten, so hätten wir ihn ihr umgehend und auf dem schnellsten Weg zugesandt. Es macht nichts! Wir gehen morgen in den Wald; wir werden uns in den Schatten der schönsten Bäume setzen und mit Bleistift einen langen und spontanen Brief auf kariertes Papier schreiben. Und damit wir das gleiche Vergnügen empfinden, das Madame empfand, als sie unseren Brief nicht abschickte, sondern für sich behielt, werden wir unseren Brief auch nicht abschicken.

Was die «Häuser» kreativen Schaffens betrifft, May, so braucht man für sie weder Unruhen noch Revolutionen zu befürchten; sie sind in Sicherheit trotz aller Turbulenzen in ihrer Umgebung. Das Übel befindet sich in der Materie und nicht im inneren Wesen. Mein Körper zittert in bestimmten Zeiten wie Herbstblätter, doch meine Seele bleibt still und ihren süßen Träumen hingegeben. Gott baut jene «Häuser» aus Elementen, die sich weder verändern noch beeinflussen lassen durch die Unruhe ihrer Umgebung.

In diesen Tagen bin ich nur ein Pförtner dieses «Hauses», wenn mich die Strömung in einem Jahr hinwegspült …*

* Dieser Brief ist unvollständig. Eine Kopie wurde bei der Schriftstellerin Jihan Gazawi Aouni gefunden, die ihn abgeschrieben hat von dem Original, das May ihr im Jahre 1938 zeigte. (Salma Haffar al-Kuzbari)

Nein, May, die Spannung liegt nicht in unseren nebelverhüllten Begegnungen, sondern sie geschah, wo wir uns mit Hilfe von Worten trafen. Wenn ich Dich auf jenem fernen, ruhigen Feld treffe, erscheinst Du mir als ein süßes, freundliches Mädchen, das alles fühlt und weiß, das Leben im Lichte Gottes sieht und es mit dem Licht seines Geistes erhellt. Doch wenn wir uns mit schwarzer Tinte und weißem Papier begegnen, sehe ich Dich und mich als die streitlustigsten Menschen, die sich ein Duell liefern, einen geistigen Wettstreit, der sich ausschließlich mit beschränkten Messungen befaßt und begrenzte Ergebnisse erzielt.

Möge Gott Dir vergeben! Du hast mir meinen Seelenfrieden geraubt. Und wenn ich nicht so standfest und unbeugsam wäre, hättest Du mir noch meinen Glauben geraubt. Es ist merkwürdig, daß die Menschen, die uns am nächsten stehen, diejenigen sind, die am meisten Verwirrung in unser Leben bringen!

Aber wir sollten einander nicht tadeln. Vielmehr sollten wir versuchen, zu einem Einverständnis zu gelangen. Das kann nur gelingen, wenn wir uns mit kindlicher Einfalt unterhalten, doch wir beide neigen dazu, uns bei unserer Verständigung der Rhetorik zu bedienen mit allem, was ihr an stilistischer Gewandtheit, Erfindungsgabe, Ausschmückung und Methodik anhaftet.

Wir beide haben nun eingesehen, daß sich Freundschaft und Rhetorik nicht vereinbaren lassen. Das Herz ist einfach, May, und die Herzensoffenbarungen sind ebenfalls einfach. Was aber die Abfassung eines Textes betrifft, so spielen soziale Komponenten eine Rolle. Was meinst Du, sollten wir nicht von der Rhetorik zur einfachen Herzenssprache überwechseln?

Du lebst in mir, und ich lebe in Dir!
Du weißt es, und ich weiß es wie Du.

Sind nicht diese wenigen Worte besser als alles, was wir bisher geschrieben haben? Was hat uns im letzten Jahr daran gehindert, solche und ähnliche Worte auszusprechen? War es Scheu, war es Stolz, waren es gesellschaftliche Konventionen? Oder was sonst? Von Anfang an war uns diese Wahrheit bekannt. Warum haben wir sie nicht mit der Offenheit und Aufrichtigkeit behandelt, die redliche und uneigennützige Gläubige auszeichnet? Hätten wir es getan, so hätten wir uns viel Zweifel, Leid, Bedauern und Kontroversen ersparen können, jene Kontroversen, die den Honig des Herzens in Bitterkeit verwandeln und das Brot der Seele in Staub. Möge Gott uns beiden verzeihen!

Wir sollten zu einem Einverständnis gelangen. Wie könnten wir dies anders bewerkstelligen, als daß jeder von uns beiden dem anderen volles Vertrauen schenkt. Ich sage Dir, Mary, ich sage Dir vor dem Himmel und der Erde und was zwischen ihnen liegt, daß ich nicht zu denen gehöre, die «lyrische Gedichte» schreiben und sie dann als Privatbriefe in alle Himmelsrichtungen schicken; ich gehöre auch nicht zu denjenigen, die am Morgen von ihrer Seele sprechen, die schwer an ihren Früchten trägt, und die am Abend ihre Seele, deren Früchte und das Gewicht der Früchte vergessen. Auch gehöre ich nicht zu denen, die Heiliges berühren, bevor sie ihre Finger mit Feuer gereinigt haben. Ich bin nicht einer von denen, die in ihren Tagen und Nächten eine Leere verspüren und sie mit poetischen Spielen und Späßen auszufüllen trachten; noch bin ich einer von denen, welche die Geheimnisse ihrer Seelen und die verborgenen Tiefen ihrer Herzen geringschätzen und sie jedem Wind preisgeben, der bläst. Ich sehne mich nach allem Großen, Edlen, Schönen und Reinen, wie es viele andere tun; und ich bin ein Fremder unter den Menschen, einsam und allein, wie einige andere allein und einsam sind trotz 70 000 Freunden und Freundinnen. Ich bin nicht – wie einige Männer – auf sexuelle Akrobatik erpicht, die von den Menschen mit den schönsten Attributen und klangvollsten Namen versehen wird. Wie Dein und mein Nachbar, May, liebe ich Gott, das Leben und die Menschen, und bis zu diesem Tag hat das Schicksal mich nicht genötigt, eine Rolle zu spielen, die meines und Deines Nachbarn nicht würdig gewesen wäre.

Als ich Dir das erste Mal schrieb, war mein Brief ein Zeichen meines Vertrauens zu Dir. Und als Du mir antwortetest, war Dein Brief ein Zeichen Deines Zweifels. Ich fühlte mich gedrängt, Dir zu schreiben, doch Du antwortetest mir mit Zurückhaltung und Vorsicht. Ich sprach zu Dir von einer seltenen Wahrheit, und Du schriebst mir höflich zurück: «Bravo, intelligenter Junge, Deine lyrischen Gedichte sind sehr schön!» Ich weiß nur zu gut, daß ich mich nicht der üblichen Umgangsformen bediente, aber ich habe mich bisher nie darum bemüht und werde es auch in Zukunft nicht tun. Ich weiß, daß in Deiner Vorsicht die Furcht zum Ausdruck kommt, vor dem, was sich in Zukunft entwickeln könnte. Hätte ich jemand anderem als May geschrieben, so hätte ich voraussehen können, was mich erwartet. Doch hätte ich meine Wahrheit einem anderen enthüllen können?

Merkwürdig ist, daß ich danach kein Bedauern empfand. Nein, ich empfand kein Bedauern; ich blieb meiner Wahrheit treu und blieb weiterhin willens, sie Dir zu enthüllen. So schrieb ich Dir häufig, und jedesmal erhielt ich eine freundliche Antwort, aber von einer anderen May als der, die ich kannte. Ich erhielt die freundlichen Antworten von Mays Sekretärin, einer intelligenten, jungen Frau, die in Kairo, in Ägypten lebt. Bald rief ich nach May, bald flüsterte ich. Immer erhielt ich Antwort, aber nicht von der Frau, «in der ich lebe, und die in mir lebt», sondern von einer vorsichtigen, pessimistischen Frau, die mit mir verhandelt, als wäre sie der Ankläger und ich der Angeklagte.

Nehme ich es Dir übel? Keinesfalls, ich ärgere mich nur über Deine Sekretärin. Ist mein Urteil gerecht oder ungerecht?

Nein, ich habe Dich nie gerichtet. Mein Herz hat es nie erlaubt und wird es nie erlauben, mich auf den Richterstuhl zu setzen und Dich zu richten. Was in uns ist und was wir teilen, hat nichts gemein mit Rechtsprechung. Doch was Deine Sekretärin betrifft, May, so laß mich Dir folgendes sagen:

Jedesmal, wenn wir beide uns zusammensetzen, um uns zu unterhalten, so tritt sie ein und setzt sich vor uns hin wie jemand, der von unserer Unterhaltung ein Protokoll anfertigen muß – wie bei einer politischen Konferenz. Ich frage Dich, meine Freundin, brauchen wir wirklich eine Sekretärin? Diese Frage ist mir sehr wichtig. Wenn Du nicht auf Deine Sekretärin verzichten kannst, so sehe ich mich gezwungen, meinen Sekretär kommen zu lassen, denn ich möchte nicht benachteiligt sein. Möchtest Du, daß mein Sekretär auch anwesend ist, wenn wir uns unterhalten?

Schau, May, hier gibt es zwei Kinder aus dem Gebirge, die im Licht der Sonne wandern – und dort vier Personen, eine Frau mit ihrer Sekretärin und einen Mann mit seinem Sekretär. Hier gehen zwei Kinder Hand in Hand nach Gottes Willen, und sie gehen dahin, wohin Gott sie führt. – Und dort vier Personen in ein Büro, die Argumente austauschen. Sie stehen auf und setzen sich wieder und versuchen zu beweisen, daß sie im Recht und die anderen im Unrecht sind. Hier zwei Kinder – dort vier Personen; zu welcher der beiden Seiten fühlst Du Dich hingezogen, May? Sag mir, zu welcher Seite Dein Herz neigt?

Wüßtest Du nur, wie sehr ich dieser unnötigen Verwirrung überdrüssig bin! Wüßtest Du nur, wie sehr ich der Einfachheit bedarf! Könntest Du ermessen, wie sehr ich mich nach dem Absoluten sehne, nach dem weißen Absoluten, dem Absoluten im Sturm, nach dem nackten Absoluten am Kreuz, dem Absoluten, das weint, ohne seine Tränen zu verbergen, und das lacht, ohne zu erröten. Ich wünschte, Du wüßtest es! Ich wünschte, Du wüßtest es!

«Was ich heute abend mache», fragst Du.

Es ist nicht Abend, es ist zwei Uhr morgens. Wohin sollen wir zu dieser späten Stunde gehen? Lieber bleiben wir hier. Hier in dieser süßen Stille. Hier können wir uns unserer Sehnsucht hingeben, bis uns diese Sehnsucht dem Herzen Gottes näher bringt. Hier können wir die Menschheit lieben, bis die Menschheit uns ihr Herz öffnet.

Der Schlaf hat Deine Augen geküßt.

Leugne nicht, daß der Schlaf Deine Augen geküßt hat. Ich sah, wie er sie küßte. So, so küßte er sie. Leg Deinen Kopf hier an meine Schulter und schlaf! Schlaf, meine Kleine, schlaf, denn Du bist zu Hause, in Deiner Heimat.

Ich hingegen werde wachen, allein werde ich wachen bis zum Morgen. Ich wurde geboren, um bis zum Morgen Wache zu halten. Gott beschütze Dich, und Gott segne mein Wachen! Möge Gott Dich stets bewahren!

Gibran

Wie wohltuend ist Dein Brief für mein Herz, May, wie wohltuend ist er!

Vor fünf Tagen bin ich aufs Land gefahren, und ich verbrachte die Zeit damit, dem Herbst, den ich liebe, Lebewohl zu sagen. Vor zwei Stunden kam ich in dieses «Tal» zurück. Ich kehrte eiskalt und verfroren heim, denn ich legte eine Strecke, die länger ist als die Entfernung zwischen Nazareth und Bcharré, in einem offenen Wagen zurück ... Aber ... ich kam zurück und fand Deinen Brief. Ich entdeckte ihn auf einem Stoß anderer Briefe, und Du weißt, daß sich alle anderen Briefe vor meinen Augen in nichts auflösen, wenn ich einen Brief von meinem kleinen Liebling erhalte. Ich setzte mich hin und las Deinen Brief, und er wärmte mich. Dann wechselte ich meine Kleider und las ihn ein zweites Mal, ein drittes Mal, ich fuhr fort, ihn zu lesen, und ich tat nichts anderes, als ihn zu lesen, denn ich mische heilige Getränke nicht mit profanen.

In dieser Stunde bist Du bei mir, May. Du bist bei mir. Hier bist Du bei mir, und ich spreche mit Dir mit anderen, weit besseren Worten als diesen; ich spreche zu Deinem großen Herzen in einer Sprache der Herzen, und ich weiß, daß Du mich hörst; ich weiß, daß wir beide uns unmißverständlich verstehen, und ich weiß, daß wir in dieser Nacht dem Throne Gottes näher sind als jemals zuvor.

Ich lobe und preise Gott, ich lobe und danke Gott, denn der Fremde ist in seine Heimat zurückgekehrt und der Reisende in das Haus seiner Eltern.

In diesem Moment geht mir ein großartiger Gedanke durch den Kopf. Hör mir zu, meine süße Kleine: Wenn wir uns in Zukunft streiten sollten (wenn ein Streit unvermeidbar ist), so dürfen wir danach keine getrennten Wege gehen, wie wir es früher nach jedem «Streit» taten. Wir müssen – trotz unserer Auseinandersetzung – unter dem gleichen Dach im gleichen Haus verbleiben, bis wir des Streites überdrüssig werden und zu lachen beginnen, oder bis der Streit unserer überdrüssig wird und uns mit einem Kopfschütteln verläßt.

Was hältst Du von dieser Idee?

Streiten wir uns also, soviel wir Lust haben oder solange der Streit es uns erlaubt. Du bist aus Ehden, und ich bin aus Bcharré, und unser Streit ist erblich und traditionell, wie es scheint. Aber was auch immer in Zukunft geschehen wird, wir müssen uns in die Augen sehen, bis die Wolken vorbeiziehen. Und wenn Deine Sekretärin und mein Sekretär eintreten – welche die Gründe unserer Streitereien sind –, so müssen wir sie freundlich, aber bestimmt und eiligst hinausschicken.

Von allen Menschen bist Du es, die meiner Seele und meinem Herzen am nächsten steht, und unsere Seelen und unsere Herzen haben sich nie gestritten. Es waren unsere Gedanken, die miteinander stritten, und die Gedanken sind unserer Umwelt entlehnt; sie setzen sich zusammen aus dem, was wir sehen und hören und was jeder Tag bringt. Seele und Herz aber sind das ewig Göttliche in uns; sie sind wesentlicher und ursprünglicher als unsere Gedanken.

Die Funktion des Denkens ist es, zu ordnen und zu organisieren. Es ist eine gute Funktion, die wichtig und notwendig ist für unser Gemeinwesen und das gesellschaftliche Leben.

Doch im Leben unserer Seelen und unserer Herzen hat es keinen Platz. Wenn wir in Zukunft streiten sollten, so sollen wir danach keine getrennten Wege gehen! Der Verstand kann uns dies sagen, wenn er auch bisher immer der Anlaß unserer Auseinandersetzungen war; aber der Verstand kann weder ein Wort über die Liebe sagen, noch kann er die Tiefe der Seele erfassen oder das Herz mit dem Maß seiner Logik messen.

Ich liebe meine Kleine, aber mein Verstand kann mir nicht sagen, warum ich sie liebe. Und ich will es auch gar nicht verstandesmäßig wissen. Es genügt, daß ich sie liebe. Es genügt, daß ich sie mit meiner Seele und meinem Herzen liebe. Es genügt mir, daß ich meinen Kopf an ihre Schulter lehne, wenn ich traurig, einsam und fremd bin, oder wenn ich glücklich, erstaunt und entzückt bin; es genügt mir, daß wir Seite an Seite den Gipfel des Berges erklimmen und daß ich ihr von Zeit zu Zeit sage: «Du bist meine Begleiterin, Du bist meine Begleiterin!»

Man sagt mir nach, May, daß ich die Menschen liebe, und man wirft mir vor, daß ich alle ohne Unterschied liebe. Ja, ich liebe alle Menschen; ich liebe sie, wie sie sind, und ohne eine Auswahl zu treffen. Ich liebe sie allesamt, weil sie aus dem Geist Gottes hervorgehen. Aber jedes Herz hat seine Qibla [Ausrichtung nach Mekka], jedes Herz hat seine Ausrichtung und sein Heiligtum, wohin es sich flüchtet, wenn es alleine ist. Jedes Herz hat seine Einsiedelei, in die es sich zurückzieht, um Ruhe und Trost zu finden; jedes Herz sehnt sich nach einem anderen Herzen, mit dem es alles teilt, was es an Segen und Frieden besitzt, um gemeinsam die Leiden des Lebens zu vergessen.

Seit Jahren fühle ich nun, daß ich die Ausrichtung meines Herzens gefunden habe. Und dieses Gefühl ist eine einfache, helle und schöne Wahrheit. Darum habe ich gegen den heiligen Thomas rebelliert, der mich mit seinem Zweifel und seinen Nachforschungen heimsuchte. Ich werde stets gegen den heiligen Thomas und seine zweifelnde Hand rebellieren, damit er sich nicht einmischt in unsere himmlische Zurückgezogenheit und in unseren von Gott geschenkten Glauben.

Die Nacht ist vorgerückt, und wir haben nur sehr wenig von dem gesagt, was wir sagen wollten. Besser ist es vielleicht, unseren Dialog bis zum Morgen schweigend fortzusetzen. Und am Morgen wird mein kleiner Liebling neben mir stehen vor unseren zahlreichen Arbeiten. Und dann, am Ende des Tages mit all seinen Problemen, werden wir uns wieder an den Kamin setzen und uns unterhalten.

Nun nähere mir Deine Stirn – so –, und möge Gott Dich segnen und beschützen

Gibran

Unser Tag war angefüllt mit Arbeit; von 9.00 Uhr morgens bis zu dieser Stunde haben wir Leute verabschiedet, um gleich darauf andere zu empfangen. Doch von Zeit zu Zeit warf ich einen Blick auf meine Begleiterin und sagte zu ihr: Ich danke und lobe Gott! Ich danke ihm und lobe ihn, daß wir uns wieder in unserem Wäldchen trafen und daß wir beide einen Laib Brot in unseren Taschen hatten statt eines Buches oder eines Skizzenheftes. Ich danke und lobe Gott, daß wir ins stille Tal zurückkehrten, um unsere Herden dort zu weiden, nachdem wir eine Zeitlang Schullehrer waren. Ich danke und lobe Gott, weil die süße Miriam [Koseform Gibrans für May] mir schweigend zuhört, während ich ihrem Schweigen lausche, und daß sie meine Leidenschaft versteht, so wie ich ihre Zuneigung verstehe.

Ich lobte Gott und dankte dem Tag und seiner Dauer, denn solange dieser Tag währte, sprach May mit meiner Zunge, und sie nahm meine Hand und gab sie anderen. Und den ganzen Tag lang sah ich mit ihren Augen und erblickte die Güte in den Gesichtern der Menschen, und ich hörte mit ihren Ohren und entdeckte die Süße in ihren Stimmen.

Du erkundigst Dich nach meiner Gesundheit. Und wenn mein kleines Mädchen sich nach meiner Gesundheit erkundigt, verwandelt es sich in eine Mutter voller Zärtlichkeit. Mir geht es gesundheitlich sehr gut. Jenes Leiden, von dem ich einmal sprach, hat mich verlassen und ließ mich stark und unternehmungsfreudig zurück trotz der grauen Streifen, mit denen es die Haare meiner Schläfen färbte. Bemerkenswert ist, daß ich mich selber heilte – ohne die Hilfe anderer. Ich ging dabei praktisch vor, überzeugt, daß Ärzte unrealistisch sind und in den Tälern der Mutmaßungen und Verdächtigungen herumirren. Sie sind damit beschäftigt, Ergebnisse und Auswirkungen zu erforschen, und sie versuchen, sie mit Arzneimitteln und Drogen zu behandeln, ohne sich um die Ursachen zu kümmern. Und da der Besitzer des Hauses am besten weiß, was sich darin ereignet, fuhr ich ans Meer und in die Wälder; dort verbrachte ich sechs Monate ohne Unterbrechung, und sowohl die Ursachen als auch die Auswirkungen meines Leidens waren auskuriert.

Was hältst Du davon, wenn wir ein Buch über moderne Medizin schreiben? Wirst Du mir helfen, es zu verfassen?

Und nun haben wir uns einer wichtigen Frage zu widmen: Gewiß erinnerst Du Dich daran, daß Du mir vor einigen Wochen ein großes Geheimnis anvertraut hast; und Du erinnerst Dich bestimmt auch, daß Du mir Dein Geheimnis erst anvertrautest, nachdem ich Deine Bedingungen angenommen hatte. Es ist seltsam, daß ich diese Bedingungen akzeptierte, ohne sie zu kennen. Was sind also Deine Bedingungen? Ich bitte Sie, gnädige Dame Miriam, mir diese Bedingungen zu nennen, und ich werde bereit sein, sie zu erfüllen. Du hast lange gezögert, den Schleier von diesem Geheimnis zu lüften; zweifellos ist es Dir nun ein Anliegen, diese Bedingungen zu enthüllen. Sag mir, was Du willst! Nenne mir die Garantien und Entschädigungen, die Du verlangst! Bedingungen sind Bedingungen, der Besiegte muß sie akzeptieren und erfüllen. Das Problem der Ruhr [Besetzung des Ruhrgebiets durch belgische und französische Truppen] genügt der Welt.

Aber ich verheimliche Dir nicht: Nachdem ich diese Bedingungen erfüllt haben werde, werde ich dieses Grübchen oder Pseudogrübchen, das mein Kinn verunziert, gründlich untersuchen. Glaub nicht, daß ich etwas dulden werde, was meinem sonst so untadeligen Kinn spottet! Mitnichten!

Ich werde dieses häßliche Grübchen bedecken, das seine Umgebung nicht respektiert mit seiner Starrheit und Boshaftigkeit. Ich werde es in einen langen, dichten Bart begraben; ich werde es einhüllen in den Teil meiner Haare, die weiß geworden sind, und es einsargen in meine schwarz gebliebenen Haare. Ja, ich werde mich an diesem unverschämten Grübchen rächen, das nicht weiß, daß es einer Person anhaftet, deren Zorn alle erzürnt und deren Lächeln alle ansteckt.

Morgen werden wir diese Unterhaltung fortsetzen. Aber jetzt laß uns auf die Dachterrasse steigen und eine Weile die Sterne der Nacht betrachten! ... Sag mir, mein kleiner Liebling, ob die Nacht tiefer und schöner ist als das Herz des Menschen? Sag mir, ob der Zug der Sterne ehrwürdiger und prachtvoller ist als das, was sich im Herzen des Menschen bewegt? Und gibt es in der Nacht und unter den Sternen etwas Heiligeres als diese weiße Flamme, die in Gottes Hand flackert?

Was soll ich Dir antworten auf Deine Fragen, die das Buch «Der Prophet» betreffen? Was soll ich Dir dazu sagen? Dieses Buch ist nur ein kleiner Ausschnitt von dem, was ich täglich sah und immer noch sehe in den schweigenden Herzen der Menschen und in ihren Geistern, die sich nach Erkenntnis sehnen. Auf der ganzen Erde hat es bisher niemanden gegeben, der die Fähigkeit besitzt, etwas aus sich allein zu vollbringen als ein von den anderen Menschen abgesondertes Individuum. Noch gibt es heute jemanden unter uns, der mehr schreiben kann als das, was die Menschen ihm unbeabsichtigt sagen.

«Der Prophet», May, ist der erste Buchstabe eines Wortes ..., von dem ich früher glaubte, daß dieses Wort für mich, in mir und von mir ist. Deshalb war ich nicht imstande, seinen ersten Buchstaben auszusprechen. Diese Unfähigkeit war der Grund meiner Krankheit, sie war der Grund der Leiden meiner Seele.

Danach wollte Gott, daß sich meine Augen öffnen, und ich sah das Licht. Und Gott wollte, daß sich meine Ohren öffnen, und ich hörte die Menschen diesen ersten Buchstaben aussprechen. Und Gott wollte, daß sich meine Lippen öffnen, und ich wiederholte diesen Buchstaben: ich wiederholte ihn fröhlich und glücklich, denn ich erkannte das erste Mal, daß die anderen Menschen alles sind und daß ich mit meinem von ihnen getrennten Selbst nichts bin. Keiner weiß besser als Du, welche Freiheit, Ruhe und Sicherheit mir diese Erkenntnis brachte, und keiner kennt besser als Du die Gefühle von jemandem, der sich plötzlich befreit sieht aus dem Gefängnis seines eigenen begrenzten Selbst.

Und Du, May, meine große Kleine, Du wirst mir jetzt helfen, den zweiten Buchstaben dieses Wortes zu hören; und Du wirst mir helfen, ihn auszusprechen, und Du wirst immer an meiner Seite sein.

Nähere Deine Stirn, Miriam, nähere sie mir; in meinem Herzen gibt es eine weiße Blume, die ich auf Deine Stirn legen will. Wie süß ist die Liebe, wenn sie zitternd und scheu vor sich selber steht!

Möge Gott Dich segnen! Möge Gott meinen kleinen Liebling beschützen! Und möge Gott ihr Herz mit den Hymnen seiner Engel füllen!

Gibran

Ein Umschlag mit dem Postdatum vom 17.1.1924 enthält drei Postkarten mit Bildern von Pierre de Chavannes; auf die Rückseiten schrieb Gibran:

Am Morgen meines Lebens pflegte ich zu sagen, daß P. de Chavannes der größte französische Maler nach Delacroix und Carrière sei. Heute aber, nachdem ich den Nachmittag meines Lebens erreicht habe, behaupte ich, daß P. de Chavannes ausnahmslos der größte Maler des 19. Jahrhunderts ist, denn er besitzt unter allen anderen Malern dieser Zeit das schlichteste Herz, das unkomplizierteste Denken und die einfachsten Ausdrucksformen, außerdem hat er die reinsten Absichten. Ich gehe noch weiter und behaupte, daß P. de Chavannes unter den Malern das ist, was Spinoza unter den Philosophen ist.

Am Morgen meines Lebens besuchte ich diese öffentliche Bibliothek in Boston häufig, und immer stand ich fasziniert vor diesen Bildern; heute bin ich wieder in Boston; ich habe die Bibliothek besucht und stand vor den gleichen Bildern; doch dieses Mal war meine geliebte Miriam an meiner Seite, und ich entdeckte in den Bildern eine Schönheit, wie ich sie nie zuvor darin gesehen hatte. Und wenn meine Miriam nicht bei mir gewesen wäre, so hätte ich nichts gesehen, denn das Auge ohne Licht ist nur ein Spalt im Gesicht – nicht mehr und nicht weniger.

Willst Du mir nicht Deine süße Stirn etwas nähern? So! Möge Gott sein Licht auf diese süße Stirn gießen! Amen!

Gibran

Heute erleben wir einen prächtigen Schneesturm. Du weißt, Mary, daß ich alle Arten von Sturm liebe, ganz besonders Schneestürme. Ich liebe den Schnee; ich liebe sein unberührtes Weiß; ich liebe das sanfte Fallen der Flocken; ich liebe seine Stille. Ich liebe den Schnee in fernen Tälern, wo die Schneeflocken im Sonnenlicht glitzern und funkeln. Dann schmilzt der Schnee und fließt weg, indem er leise sein Lied summt.

Ich liebe den Schnee, ich liebe das Feuer; beide stammen aus der gleichen Quelle. Doch meine Liebe für diese beiden war nur eine Einstimmung auf eine stärkere, höhere und umfassendere Liebe. Wie treffend sind folgende Worte:

O May, heute ist Dein Fest,
und Du bist das Fest der Zeit.

Und welch ein Unterschied zwischen diesen arabischen Versen und denen eines amerikanischen Dichters, der mir neulich sein Gedicht schickte, in dem es heißt:

Deine Ehre und dein Lohn
daß du gekreuzigt wirst.

Meinerseits fürchte ich nur, das Ende vor dieser Ehre und Belohnung zu erreichen.

99

Ich möchte gerne wissen, an welchem Tag des Jahres meine kleine Geliebte geboren wurde. Ich möchte es wissen, denn ich liebe Feste und das Feiern der Feste, und Marys Geburtstag wird bei mir die Priorität aller anderen Feste haben. Du wirst mir entgegnen: Jeder Tag ist mein Geburtstag, Gibran, und ich werde Dir antworten: Ja, ich werde täglich Deinen Geburtstag feiern, aber es muß auch einen besonderen Festtag im Jahr geben.

Deine Bemerkung, daß mein Bart nicht mir gehört, hat mich gefreut. Tatsächlich habe ich mich darüber sehr gefreut, und ich denke, daß die Auslieferung meines Bartes von internationaler Bedeutung ist. Dieser Bart hat mir viel unnötige Mühe und Pflege verursacht. Doch jetzt, da jemand anderes für meinen Bart verantwortlich ist, werde ich meine Hand und mein Rasiermesser zurückziehen. Mögen diejenigen, die ihn beanspruchen, auch die Verantwortung dafür übernehmen. Und möge Gott diejenigen segnen, die sich als Besitzer ausgeben. Dein scharfes Wahrnehmungsvermögen entbindet mich von der Pflicht, dieses technische Thema ausführlicher zu behandeln.

SIC TRANSIT GLORIA MUNDI*

---

* So vergeht der Ruhm der Welt.

Was den Streit zwischen Ehden und Bcharré betrifft, so wurde er beigelegt. Ich las in einigen Zeitungen, daß die Vereinigung der Jugend von Bcharré die Vereinigung der Jugend von Ehden zu einem Bankett in Mar Sarkis in Bcharré eingeladen hat; nach einigen Tagen hat die Vereinigung der Jugendlichen von Ehden eine Gegeneinladung ausgesprochen und zu einem Bankett in Mar Sarkis in Ehden geladen. Ich vermute ja, daß der ganze Streit der beiden Dörfer mit ihren heiligen Patronen, dem heiligen Sarkis, begonnen hat. Der Streit hielt so lange an, bis die Jugendlichen beider Dörfer sich begegneten, sie, die so gut wie nichts über den heiligen Sarkis wußten. Aber die Verständigung zwischen Ehden und Bcharré besagt nicht, daß wir beide, Du und ich, in Zukunft keinen goldenen Kasten mehr benötigten. Keineswegs! Du und ich, wir benötigen weiterhin den goldenen Kasten, und wir müssen uns so lange auf ihn verlassen, bis jeder von uns beiden sich auf seinen Begleiter verläßt.

Schau, meine süße Geliebte, wie uns der Scherz ins Allerheiligste des Lebens geführt hat! Als ich das arabische Wort «rafiqah» (Begleiterin) aussprach, zitterte mein Herz in meinem Innern. Ich erhob mich und lief in meinem Zimmer hin und her, wie jemand, der seine Begleiterin sucht. Es ist seltsam, was ein einziges Wort in uns bewirken kann! – Der Klang dieses Wortes gleicht dem Klang der Kirchenglocken beim Sonnenuntergang. Dieses eine Wort verwandelt unser innerstes Wesen, es verwandelt unsere Worte in Schweigen, und unser Tun in ein Gebet.

Du schreibst mir, daß Du Angst vor der Liebe hast. Warum hast Du Angst vor der Liebe, meine Kleine? Fürchtest Du das Licht der Sonne? Fürchtest Du Dich vor Ebbe und Flut – oder vor der Ankunft der Morgenröte? Fürchtest Du den Anbruch des Frühlings? Warum solltest Du Dich vor der Liebe fürchten?

Ich weiß, daß Dir ein wenig Liebe nicht genügt – ebenso wie mir ein wenig Liebe nicht genügt. Du und ich, wir begnügen uns nicht mit wenig. Wir wollen viel. Wir wollen alles. Wir wollen die Fülle. Ich sage Dir, Mary, daß in unserem Wollen bereits die Erfüllung liegt; wenn unser Wille ein Schatten des Schattens Gottes ist, so erhalten wir auch ohne Zweifel Licht vom Lichte Gottes.

Fürchte nicht die Liebe, Mary, fürchte nicht die Liebe, Begleiterin meines Herzens! Wir müssen uns ihr überlassen – trotz allem, was sie mit sich bringt an Leiden, an Sehnsucht und Einsamkeit, und trotz allem, was sie enthält an Verwirrung und Zweifel.

Hör zu, Mary, heute befinde ich mich in einem Gefängnis von Wünschen. Diese Wünsche wurden mit mir geboren, als ich zur Welt kam. Heute bin ich gefesselt mit den Fesseln eines alten Denkens, das so alt ist wie die Jahreszeiten. Kannst Du es mit mir in meinem Gefängnis aushalten, bis wir befreit werden und ins Tageslicht treten dürfen? Wirst Du an meiner Seite ausharren, bis die Fesseln und Ketten zerbrochen werden, so daß wir frei und ungehindert zum Gipfel des Berges aufsteigen können?

Nun nähere Deine Stirn! Nähere mir Deine süße Stirn – so –! Möge Gott Dich segnen und schützen, geliebte Begleiterin meines Herzens.

Gibran

Von der Ursubstanz zur Stille – Aquarell

Wie süß ist meine kleine Geliebte, die in ihren Gebeten täglich meiner gedenkt! Wie süß ist sie! Wie groß ist ihr Herz, und wie schön ist ihre Seele!

Aber wie seltsam ist das Schweigen meiner kleinen Geliebten! Dieses Schweigen ist so lang wie die Ewigkeit und so tief wie die Träume der Götter. Es läßt sich in keine menschliche Sprache übertragen. Hast Du vergessen, daß Du nicht geschrieben hast, als Du an der Reihe warst? Erinnerst Du Dich nicht an unsere Abmachung, Frieden und Eintracht herzustellen, bevor die Nacht die Erde in Dunkelheit hüllt?

Du erkundigst Dich nach meinem Befinden, nach meinen Gedanken und den Problemen, die mich beschäftigen. Was mein Befinden betrifft, so ist es wie Deins, genau wie Deins, Mary. Meine Gedanken sind immer noch in Nebel gehüllt, so wie sie es waren, als wir beide – Du und ich – uns vor tausend Jahren begegneten. Was die Probleme betrifft, die mich zur Zeit beschäftigen, so handelt es sich um verwirrende Probleme, die aber von der Art sind, daß ein Mann wie ich sie bewältigen können müßte, ob er will oder nicht.

Das Leben, Miriam, ist ein schönes Lied; manche von uns steuern einen Ton dazu bei, andere eine ganze Melodie. Und mir scheint, Miriam, daß ich weder ein Ton noch eine Melodie bin. Mir scheint, daß ich mich immer noch in dem Nebel befinde, der uns vor tausend Jahren vereinte.

Abgesehen davon verbringe ich die meiste Zeit mit Malen; gelegentlich fliehe ich an einen fernen Ort auf dem Land – mit einem kleinen Notizbuch in meiner Tasche. Eines Tages werde ich Dir einen Teil dieses Notizbuches zusenden.

Das ist alles, was ich über mein «Ich» zu sagen weiß. Laß uns nun, wenn Du willst, zu einem wichtigeren Thema überwechseln, laß uns zu unserer süßen Geliebten zurückkehren: Wie geht es Dir, und wie geht es Deinen Augen? Bist Du so glücklich in Kairo wie ich in New York? Gehst Du auch nach Mitternacht in Deinem Zimmer auf und ab? Verweilst Du von Zeit zu Zeit vor Deinem Fenster und blickst zu den Sternen? Gehst Du dann zu Bett und trocknest das in Deinen Augen schmelzende Lächeln mit dem Zipfel der Bettdecke ab? Bist Du so glücklich in Kairo wie ich in New York?

Ich denke jeden Tag und jede Nacht an Dich, Mary. Ich denke immer an Dich, und jeder dieser Gedanken enthält etwas Süßes und etwas Bitteres. Es ist merk-würdig, Miriam, immer wenn ich an Dich denke, flüstere ich Dir ins Ohr: «Komm, entledige Dich aller Sorgen, und gieße sie in mein Herz!» Und manch-mal rufe ich Dich mit Namen, deren Bedeutung niemand kennt außer lieben-den Vätern und zärtlichen Müttern.

Ich küsse Deine rechte Hand und dann Deine linke, und ich bitte Gott, daß er Dich bewahre und segne, daß er Dein Herz mit seinem Licht fülle und daß er Dich erhalte als den Menschen, den ich am meisten liebe.

Gibran

Mary,

am 6. dieses Monats habe ich jede Minute an Dich gedacht, ja sogar jede Sekunde dachte ich an Dich, und ich übersetzte alles, was die Leute mir sagten, in die Sprache von Mary und Gibran, und diese Sprache versteht kein Erdenbewohner außer Mary und Gibran ... und Du weißt gewiß, daß jeder Tag des Jahres der Geburtstag eines jeden von uns ist.

Von allen Völkern sind die Amerikaner diejenigen, die versessen darauf sind, Geburtstag zu feiern, und sie lieben es, Geburtstagsgeschenke zu versenden und zu erhalten. Und aus einem Grund, den ich nicht durchschaue, überhäufen mich die Amerikaner bei einer solchen Gelegenheit mit ihrer freundlichen Aufmerksamkeit. Am 6. dieses Monats hat mich ihre überwältigende Freundlichkeit beschämt und gleichzeitig mit Dankbarkeit erfüllt. Aber Gott weiß, die freundlichen Worte von Dir waren mir lieber und kostbarer als alles, was andere für mich tun können. Gott weiß dies, und Dein Herz weiß es auch.

Nach den Festlichkeiten saßen wir zusammen, Du und ich, in einiger Entfernung von den anderen, und unterhielten uns miteinander. Wir sagten einander, was sich nur Liebende sagen können, und wir sprachen miteinander, wie nur Hoffende miteinander sprechen. Wir beobachteten einen entfernten Stern und schwiegen. Nach einer Weile nahmen wir unser Gespräch wieder auf; wir unterhielten uns bis zur Morgendämmerung, während Deine Hand auf meinem klopfenden Herzen lag.

Möge Gott Dich behüten und beschützen, Miriam, und möge Sein Licht über Dir leuchten! Möge Gott Dich für den bewahren, der Dich liebt.

Gibran

Unter das Briefende malte Gibran die Skizze einer Hand unter einer Flamme, die zum Symbol für seine Liebe zu Mary wurde.

Ein Briefumschlag mit dem Poststempel vom 6. Februar 1925 enthält eine Karte mit dem Bild der heiligen Anna von Leonardo da Vinci. Auf die Rückseite schrieb Gibran den folgenden Text:

Mary,

nie sah ich ein Werk von Leonardo da Vinci, ohne tief in meinem Innern die Kraft seiner Faszination zu spüren. Mehr noch, ich fühlte, wie ein Teil seiner Seele in meine Seele drang. Ich war noch ein Junge, als ich das erste Mal einige Bilder von diesem wunderbaren Mann sah. An diesen Augenblick werde ich mich mein ganzes Leben erinnern. Damals erschien mir diese Begegnung wie ein Kompaß für ein Schiff, das sich auf hoher See im Nebel verirrt hatte.

Heute fand ich diese Karte zwischen meinen Papieren. Ich möchte sie Dir schicken, damit sie Dir etwas berichtet von jenen Dingen, die meine Jugendjahre in ein Tal der Traurigkeit und Einsamkeit tauchten und meine Seele mit der Sehnsucht nach dem Unbekannten füllten.

Möge Gott Dich bewahren!
Gibran

Mary,

diese kleine Mappe hat Dir so viel Sorge und Mühe verursacht. Verzeih mir! Ich dachte, ich hätte sie Dir auf dem besten und leichtesten Weg geschickt. Doch das Gegenteil war der Fall. Verzeih mir, meine süße Freundin, und Du verdienst Dir einen Lohn.

So hast Du also Deine Haare schneiden lassen! Hast Du diese schöngewellten, pechschwarzen Haare tatsächlich schneiden lassen? Was soll ich Dir sagen? Was soll ich Dir sagen, wenn die Schere schon der Kritik zuvorgekommen ist? Es macht nichts! Ich kann dem Rat Deines italienischen Frisörs nicht widersprechen … Möge Gott sich der Väter aller Italiener erbarmen!

Und meine liebe Freundin begnügt sich nicht damit, mir diesen schrecklichen Verlust zu berichten, sie muß die Sache noch verschlimmern, indem sie mir unterstellt: «Ein Dichter und Künstler» zu sein, der «von blonden Haaren angetan ist, der nur die Schönheit goldblonder Haare besingt und nur Köpfe mit goldenen Haaren gelten läßt.»

O Herr, mein Gott, vergib Mary jedes Wort dieser Worte! Verzeih ihr, und reinige ihren Fehltritt in Deinem heiligen Licht! Zeige ihr sowohl in ihren Träumen als auch in ihrem Wachen den «Katholizismus» (die Rechtgläubigkeit) Deines Knechtes Gibran in allem, was die Schönheit betrifft. O Gott, sende einen Deiner Engel, sie zu

informieren, daß Dein Sklave in einer Einsiedelei mit zahlreichen Fenstern lebt, durch die er die Erscheinungsformen Deiner Schönheit und Güte in allen Dingen und an jedem Platz wahrnimmt. Und er besingt sowohl die Schönheit der pechschwarzen Haare als auch die der blonden, und ihn bezaubern sowohl schwarze als auch blaue Augen. Ich bitte Dich, mein Herr und mein Gott, Mary aufzufordern, die Dichter und Künstler nicht zu verkennen und sie nicht in der Person Deines Dieners Gibran zu demütigen … Amen.

Kannst Du von mir erwarten, daß ich nach diesem langen Gebet das Thema des Nachteils natürlicher Bärte anschneiden kann? Mitnichten! Aber ich werde in dieser Stadt einen italienischen Frisör suchen, und ich werde ihn fragen, ob er einen natürlich gewachsenen Bart in einen abgezirkelt rundgeschnittenen Bart verwandeln kann. Als Spezialist auf dem Gebiet der Chirurgie habe ich keine Angst vor Operationen.

Aber laß uns zurückkehren zu einem wichtigeren Thema: zu Deinen Augen.

Wie geht es Deinen Augen, Mary? Du weißt bestimmt, Du weißt es in Deinem Herzen, daß die Gesundheit Deiner Augen mir überaus wichtig ist. Wie kannst Du nur solche Fragen stellen? Sind es nicht Deine Augen, mit denen Du siehst, was sich hinter dem Schleier verbirgt? Du weißt, daß das menschliche Herz nicht den Gesetzen der Entfernung und des Maßes unterliegt und daß das stärkste und tiefste Gefühl im Herzen des Menschen dasjenige ist, dem wir uns ausliefern. Und in dieser Hingabe finden wir eine Freude, eine Ruhe und Gelassenheit, die wir weder erklären noch analysieren können. Es genügt, daß es ein tiefes, starkes und heiliges Gefühl ist. Warum also die Frage, und warum der

Zweifel? Wer von uns ist fähig, Mary, die Sprache der unsichtbaren Welt in die der sichtbaren Welt zu übertragen? Wer von uns kann sagen: In meiner Seele brennt eine weiße Flamme, das und das ist ihr Grund, das und das ihre Bedeutung und das und das ihre Wirkung. Es genügt dem Menschen zu sagen: In meiner Seele gibt es eine weiße Flamme.

Ich habe mich nach dem Befinden Deiner Augen erkundigt, Mary, weil ich sehr besorgt bin um sie. Ich liebe nämlich ihr Licht, ihren Blick in die Ferne und den Schatten der tanzenden Träume in ihnen.

Aber meine Sorge um Deine Augen bedeutet nicht, daß ich Deine Stirn und Deine Finger übersehe.

Gott segne Dich, geliebte Mary! Er segne Deine Augen, Deine Stirn und Deine Finger! Er bewahre Dich immer für mich

Gibran

Ein Umschlag – an May adressiert – und mit dem Poststempel vom 28. März 1925 enthält eine Postkarte mit einem Bild von Andrea Mantegna. Gibran schrieb auf die Rückseite folgenden kurzen Text:

Mary,

ich bin ein großer Bewunderer von Andrea Mantegna. Meiner Meinung nach ist jedes seiner Bilder ein wunderschönes lyrisches Gedicht.

Du solltest Florenz, Venedig und Paris besuchen, um die Werke dieses Mannes zu sehen, die selten und außergewöhnlich sind – mit allem, was die Abweichung von der Norm an Inspiration und Offenbarung enthält.

Möge Gott die Abende der süßen Freundin glücklich machen!

Gibran

Mary,

ja, ich war vier Wochen lang schweigsam; der Grund war ein spanisches Fieber, nicht weniger und nicht mehr.

Es fällt mir schwer, sehr schwer sogar, über eine Krankheit, die mich befällt, zu klagen. Wenn ich krank bin, habe ich nur einen Wunsch: mich vor den Augen der Menschen zu verbergen, selbst vor den Augen derer, die ich liebe und die mich lieben. Meiner Meinung nach ist diese totale Zurückgezogenheit das beste Heilmittel.

Nun geht es mir gesundheitlich wieder gut – mehr als gut sogar. Ja, ich fühle mich zur Zeit «bärenstark», wie ein Bcharriote es auszudrücken pflegt, wenn man ihn nach seinem Befinden fragt.

Die Sonderausgabe von «al-Sa'ih» [arabische Emigrantenzeitung] erschien – wie gewöhnlich – mit Verspätung. Heute morgen sprach ich mit dem Besitzer und Herausgeber am Telefon, und er sagte mir, daß er Dir die Zeitschrift in Zukunft schicken wird, ebenso wie er sie Dir in der Vergangenheit geschickt hat – egal, ob es sich um Sonderausgaben handelt oder nicht.

Deine Vermutung, süße Miriam, daß der Herausgeber von al-Sa'ih sich an Dir rächt, weil Du ihm keinen Artikel für seine Sonderausgabe geschickt hast, ist sehr übertrieben. Wie kannst Du Dir vorstellen, daß sich jemand in New York an Dir rächen kann, solange ich in dieser Stadt bin!

Tausendundeinmal sagte ich bereits: Wir Künstler sind keine Literaturfabrik!

Wir sind auch keine Maschinen, die man an einem Ende mit Tinte und Papier füllt in der Erwartung, daß am anderen Ende Artikel und Gedichte herauskommen. Wir schreiben nur, wenn wir schreiben wollen, nicht, wenn es andere wollen. So seid bitte so gut, und laßt uns allein. Wir leben in einer Welt, und ihr lebt in einer anderen Welt. Und zwischen diesen beiden Welten gibt es keine Verbindung.

Was sagst Du zu meinem kategorischen Ton? Aber im Ernst – ohne Spaß –, hast Du nicht bemerkt, daß die meisten Besitzer von Zeitungen und Zeitschriften die Vorstellung haben, daß ein Autor ein Phonograph ist. Und das ist so, weil sie mit einem phonographischen Denken geboren wurden.

Hier in New York ist Frühlingsanfang; die Luft ist voller Zauber und Erwachen. Und der Geist erlebt eine Morgendämmerung und eine Jugend. Die Ausflüge aufs Land gleichen den Besuchen der Priester und Priesterinnen von Astarte und Adonis zu der Grotte von Afqa [Dorf im Nordlibanon mit einem Tempel für Adonis und Astarte].

In einigen Tagen wird Jesus von den Toten auferstehen, um denen das Leben zu schenken, die in den Gräbern ruhen. Die Mandel- und Apfelbäume werden blühen, und Bäche und Flüsse werden wieder singen.

Du wirst an jedem Tag im Monat April bei mir sein – und auch nach dem April wirst Du jeden Tag und jede Nacht bei mir sein.

Möge Gott Dich beschützen und bewahren, geliebte Miriam.

Gibran

114

Dieser Brief befand sich in einem Umschlag mit dem Ankunftsdatum vom 10. Dezember 1929 in Kairo.

Mary, meine liebe Freundin,

heute habe ich erfahren, daß Dein Vater die Reise hinter den goldenen Horizont angetreten hat und daß er jenes Ziel erreicht hat, zu dem wir alle unterwegs sind ... Was kann ich Dir sagen? Du, Mary, bist unerreichbar in Deinem Denken und weit entfernt von den Gemeinplätzen der Menschen, die sie bei einer solchen Gelegenheit vortragen, um ihre Anteilnahme zum Ausdruck zu bringen.

Doch in meinem Herzen gibt es den Wunsch, mich vor Dich hinzustellen, und das Verlangen, Deine Hand schweigend in meine Hand zu nehmen, mit Dir alles zu teilen, was Deine Seele überflutet, und zu fühlen, was Du fühlst, soweit dies jemand vermag, der Dir nahesteht und dennoch ein Fremder ist.

Möge Gott Dich segnen, Mary! Möge er Dich jeden Tag und jede Nacht schützen! Und möge er Dich Deinem Freund erhalten.

Gibran

Ein Telegramm mit Datum vom 17. Dezember 1930 enthält diesen Text

war abwesend – erhielt dann Deinen freundlichen, süßen Brief – kann mit meiner kranken Hand nicht schreiben – dies ist eine Botschaft der Liebe und der guten Wünsche für ein glückliches Weihnachtsfest und ein neues Jahr voller Lieder

Gibran

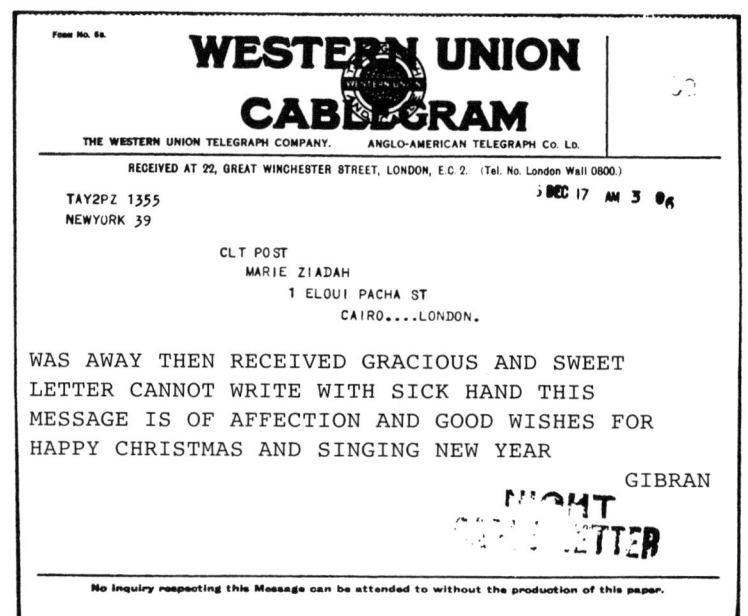

Meine liebe May,

nach meiner Überzeugung können wir in dieser Welt nicht auf eine Herrschaft verzichten. Aber diese Herrschaft sollten die Frauen ausüben und nicht die Männer.

Ich selbst verdanke alles, was mein Ich ausmacht – von der frühen Kindheit bis jetzt –, der Frau. Es war die Frau, die mir die Fenster meiner Blicke und die Tore meines Geistes öffnete. Ohne die Frau als Mutter, Schwester oder Freundin schliefe ich noch mit den Schlafenden, welche die Stille der Welt durch ihr Schnarchen stören.

Meine Gesundheit ist zur Zeit übler als zu Beginn des Sommers; die langen Monate, die ich zwischen dem Meer und dem Wald verbrachte, vergrößerten die Kluft zwischen meinem Geist und meinem Körper. Und der sonderbare Vogel in meinem Innern, der hundert Male in der Minute klopfte, verlangsamte sich schon ein wenig, ja, er begann sogar, zu seinem normalen Rhythmus zurückzukehren; doch er verlangsamt sich nicht, ohne mein Gesamtbefinden zu verschlechtern und meine Glieder zu zerreißen. Die Ruhe ist hilfreich, doch die Ärzte und die Medikamente haben für meine Krankheit die gleiche Funktion wie das Öl für die Lampe. Nein, ich brauche weder Ärzte noch Medikamente. Ich brauche nicht einmal Ruhe und Stille. Was ich dringend brauche, ist jemand, der mir etwas abnimmt und mich erleichtert. Ich brauche unbedingt einen geistigen Aderlaß; ich brauche eine Hand, die aufnimmt, was in meiner

117

Seele gärt. Ich benötige einen starken Sturm, der meine Früchte zum Fallen bringt.

Ich bin ein kleiner Vulkan, May, dessen Krater geschlossen war. Wenn es mir heute gelänge, etwas Großes und Schönes zu schreiben, so wäre ich vollkommen geheilt. Wenn es mir möglich wäre, laut zu schreien, würde meine Gesundheit zurückkehren.

Du wirst sagen: Warum schreibst Du nicht, damit Du wieder gesund wirst, und warum schreist Du nicht, um zu genesen? Ich antworte Dir: Ich weiß es nicht, ich weiß es nicht! Ich kann nicht schreien, und das ist meine Krankheit. Das ist die Krankheit meiner Seele, deren Symptome im Körper erscheinen. Was willst Du also tun? wirst Du fragen. Was könnte das Ergebnis sein, und wie lange willst Du in diesem Zustand verharren? Ich entgegne Dir: Ich werde wieder genesen. Ich werde mein Lied singen und Ruhe finden. Ich sage Dir: Ich werde mit lauter Stimme aus den Tiefen meiner Seele rufen.

Bei Gott, sage mir nicht: Du hast schon viel gesungen, und alles, was Du gesungen hast, war schön! Erinnere mich nicht an meine früheren Werke, denn die Erinnerung daran schmerzt mich. Ihre Bedeutungslosigkeit verwandelt mein Blut in sengendes Feuer, ihre Trockenheit macht mich durstig, und ihr Schwachsinn veranlaßt mich dazu, tausendmal am Tag aufzustehen und mich wieder hinzusetzen und mir die Frage zu stellen: Warum habe ich diese Artikel und diese Geschichten geschrieben? Warum hatte ich keine Geduld? Warum hielt ich diese Tropfen nicht zurück, sparte sie auf und sammelte sie, bis sie zu einem Fluß wurden?

Ich wurde geboren und lebte, um ein Buch zu veröffentlichen – ein einziges, kleines Buch –, nicht mehr und nicht weniger. Ich wurde geboren, ich lebte und litt, um ein einziges, lebendiges und beflügeltes Wort auszusprechen. Doch ich hatte keine Geduld. Ich konnte nicht solange schweigen, bis das Leben dieses Wort durch meine Lippen aussprach. Ich schwieg nicht, sondern war geschwätzig. Wie schade und welche Schande! Und ich blieb geschwätzig, bis die Geschwätzigkeit meine Kräfte erschöpfte. Und als ich schließlich imstande war, den ersten Buchstaben meines Wortes auszusprechen, fand ich mich auf dem Rücken liegend, und in meinem Mund befand sich ein harter Stein.

Es macht nichts, mein Wort ist immer noch in meinem Herzen, und es ist ein lebendiges und beflügeltes Wort. Sicher werde ich es aussprechen, und es wird durch sein Erscheinen die Schuld meiner Geschwätzigkeit wiedergutmachen. Die Flamme muß angezündet werden!

Gibran